사춘기 살롱

부모 되는 철학시리즈

함께 나누는 행복 이야기
부모가 된다는 것은 지구상에서 가장 힘들고 어렵다. 동시에 가장 중요한 일이기도 하다.
'부모되는 철학 시리즈'는 아이의 올바른 성장을 돕는 교육 가치관을 정립하고 행복한 가정을 만
들어 가는 데 긍정적인 역할을 할 것이다. 부모가 행복해야 아이들도 행복하다. 행복한 아이와
행복한 부모, 나아가 행복한 가정 속에 미래를 꿈꾸며 성장시키는 것이 부모되는 철학의 힘이다.

사춘기 살롱

초판 1쇄 발행 2022년 7월 31일

지은이. 박현순
펴낸이. 김태영

씽크스마트 미디어 그룹
서울특별시 마포구 토정로 222
한국출판콘텐츠센터 401호
전화. 02-323-5609

블로그. blog.naver.com/ts0651
페이스북. @official.thinksmart
인스타그램. @thinksmart.official
이메일. thinksmart@kakao.com

ISBN 978-89-6529-322-4 (03370)
ⓒ 2022 박현순

• 씽크스마트-더 큰 세상으로 통하는 길
'더 큰 생각으로 통하는 길' 위에서 삶의 지혜를 모아 '인문교양, 자기계발, 자녀교육,
어린이 교양·학습, 정치사회, 취미생활' 등 다양한 분야의 도서를 출간합니다. 바람직
한 교육관을 세우고 나다움의 힘을 기르며, 세상에서 소외된 부분을 바라봅니다. 첫 원
고부터 책의 완성까지 늘 시대를 읽는 기획으로 책을 만들어, 넓고 깊은 생각으로 세상
을 살아갈 수 있는 힘을 드리고자 합니다.

• 도서출판 사이다-사람과 사람을 이어주는 다리
사이다는 '사람과 사람을 이어주는 다리'의 줄임말로, 서로가 서로의 삶을 채워주고,
세워주는 세상을 만드는데 기여하고자 하는 씽크스마트의 임프린트입니다.

사춘기 살롱

부모가 물러져야 할 용기

박현순 지음

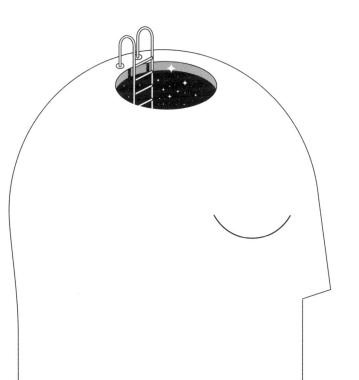

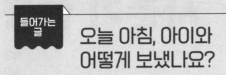
오늘 아침, 아이와
어떻게 보냈나요?

평범한 어느 날 아침, 중학생 딸이 등교하며 현관문 밖에서
손을 흔들어 인사해 줬어요.

"엄마, 갔다 올게~"

저는 신발장 앞에 서서 역시 손을 흔들며 배웅해줬어요.

"잘 다녀와~"

딸과 마지막으로 한 번 더 눈인사를 나누고 문이 닫혔어
요. 그렇게 다시 거실로 향하는데, 딸이 등교할 때마다 웃으
면서 보내는 것이 소원이었던 날들이 스치면서 새삼 이 순간
이 참 고마웠어요.

초등학교 저학년 때는 아이가 학교에 가서 선생님께 혼나
거나 친구들 사이에서 힘들지 않을까 늘 조바심으로 인사를
나눴어요. 고학년이 되니 그야말로 아침 전쟁이 따로 없었어

요. 잠이 부족하거나 준비하느라 서두르다 보면 저도 모르게 날 선 말들로 아이의 기분을 망쳐놨어요. 기분 좋게 일어나서 준비하다가도 뭔가 하나 마음에 안 들면 아이가 갑자기 폭발하며 소리를 지르고, 저도 참지 못해 한마디 하면 그때부터 둘도 없는 원수지간이 됩니다. 무거운 학교 가방을 휙 둘러메고 탕탕탕 신발로 바닥을 치며, 현관문 부서져라 쾅 닫고 나가면 꼭 그제야 제정신이 돌아왔어요.

'왜 그랬니, 한 번만 더 참지. 집에서라도 편하게 보내주지. 이거 하나도 못하면서, 나 엄마 맞니?'

부모 되는 법을
미리 알았더라면

여러분은 '부모 되는 법'을 배운 적이 있나요? 특히, 우리 아이의 부모 되는 법을 배운 적이 있나요?

상담사인 저도 저희 아이들의 부모 되는 방법을 배우지 못했습니다. 상담실에서는 아동, 청소년 상담과 함께 부모 상담도 진행합니다. 부모님께 아이들을 어떻게 대해야 하는지 학교에서 배운 이론대로 알려드리지만, 다들 말씀하세요. 말은 쉬운데, 행동으로 옮기는 것이 너무 어렵다고요.

원래 인생이 계획대로 되는 것이 아니라지만 부모가 되는 길은 달라야 했어요. 한 생명을 책임져서 잘 키워야 하잖아요. 아이가 자라는 동안 어떤 일들이 벌어질 것이고, 부모의 마음가짐이 어때야 하는지 누군가는 제대로 알려줬어야 했어요. 아이를 낳기 전부터, 어쩌면 임신하기 전 부모가 되기로 계획했을 때부터라도 제대로 알고 준비해야 하는 일이에요. 당연히 어른이 되면 결혼을 하고, 부모가 되어서 아이를 낳고 키워야만 한다고 했지, 부모의 삶에 무엇을 준비해야 할지는 알려주지 않았어요.

그래서 여러분이 힘드셨던 겁니다. 화내고 싶지 않은데 아이에게 매일 화내고 스스로 비난하고 자책하며, 다음 날도 어김없이 화를 내는 이유입니다. 부모로 사는 것은 대단한 인내와 기다림, 이해, 책임감이 필요해요. 겪어보니 알겠지만, 더 나아가 헌신, 사랑이 있어야 아이와 함께하는 순간들이 행복할 수 있었어요. 미리 준비하고, 연습하고, 마음을 돌보고, 우리의 역량을 넓혔다면 보다 슬기롭게 보낼 수 있었을 거예요. 마음의 준비 없이, 자라는 아이를 부모의 생각대로만 바라보니, 자꾸 벽에 부딪혀요. 내 뜻대로 따라주지 않는 아이와 어긋나게 되고, 함께하는 내내 마음에 들지 않고, 화가 나고, 소리를 지릅니다. 아직은 아이보다 힘이 세니까 어떻게든 부모의 뜻대로 따라오도록 끌고 왔어요.

하지만, 아이의 머리가 커지더니 어느 순간 '사춘기'라는 녀석이 고개를 내미네요. 변화의 시기인 건 알지만, 매서운 눈빛과 비수를 꽂는 말투에 부모님 마음에 상처를 받을 때도 있어요. 이 시기를 잘 지나가야 할 것 같은데 뜻대로 되지 않을까 또 두려워집니다.

사춘기는 위기가 아닌 기회예요.

이제, 우리 다시는 후회하지 않도록 아이의 사춘기를 제대로 준비하며 가 봐요. 강의나 집단 상담 때 어머니들의 이야기를 들어보면 '나 때문에 망쳐지면 어떡하지? 내가 잘못 키워서 안 좋으면 어떡하지?'라는 불안이 있으세요. 어쩌면 육아뿐만 아니라 지금까지 살아온 삶에서도 내가 실수하면 안 되고 피해 주면 안 된다고 생각하며 살아왔던 것 아닐까요? 육아를 통해 나 자신의 삶을 돌아보고, 바뀔 수 있어요.

'나와 아이가 행복하려면 어떻게 해야 할까? 내가 잘하는 것은 무엇일까?'

자신 안에 있는 힘을 믿으면서 가야 해요. 정말 긴 시간 함께 가야 하거든요. 사춘기는 10여 년 동안 아이와 살아오면서 그동안 어떻게 왔는지 돌아보고, 아이를 존중하는 법을 배우는 시기라고 생각해 보세요. 마치 병인 것처럼 부모를 힘들게만 하는, 얼른 지나가야만 하는 시기가 아니에요.

인생에는 단계마다 이유가 있어요. 사춘기는 스스로 어떻게 인생을 살아야 할지 고민하며 나를 찾는 중요한 단계예요. 코로나로 세상이 달라진 것처럼 아이들도 내부의 지각변동을 통해서 성장하려는 중이니까요. 자기 목소리를 내려는 아이가 옆에서 좌충우돌할 때도 부모는 정말로 믿고 기댈 수 있는 중심이 되어 줄 수 있어요. 이 시기를 통해 부모님도 자기를 돌보고, 진짜 존중을 배우며 성숙해질 수 있어요. 더는 부모 마음대로 끌고 갈 수 없어요. 아이가 인생의 리허설 같은 경험으로 자신 있게 나아갈 수 있도록 함께 해 주세요. 이 시기는 아이와 부모에게 온 소중한 기회예요.

3 사춘기, 부모도 성장 중

4 사춘기, 우리 눈 맞추기

포스트 코로나 시대,
사춘기 자녀의
부모로
산다는 것

사춘기 파도가
몰려온다

Q. 사춘기가 두려워요.
대체 왜 저럴까요?

20여 년 상담을 하며, 그중에 가장 어려웠던 분들을 꼽으라면 저는 사춘기 시절의 자녀를 둔 부모님이라고 답해요. 아동, 청소년을 상담할 때는 40분 상담 후에 부모님 상담을 10분 정도 교육처럼 진행해요. 그 시간으론 턱없이 부족할 정도로 부모님이 화가 나고 답답한 마음을 토로하시고, 아이의 행동에 대해 열변을 토하시다가, 결국은 눈물을 쏟아내세요. 부모님들도 어디 가서 속 시원히 말도 못하고, 아이 때문에 끙끙 앓으셨던 거죠. 부모님도 마음을 털어내고 아이랑 다시 잘해보겠다고 다짐하고 가지만, 다음 시간에 오면 이젠 정말 아이의 얼굴도 보기 싫다고 말씀하세요. 잘해보려고 노력해서 조금 나아지는 것 같다가도 잠깐 방심한 사이 부딪치면 싸움의 강도는 전보다 더하면 더했지, 나아지질 않네요.

부모님이 하라면 하라는 대로 잘 따르던 아이가 이제는 말 한마디에도 분노의 레이저 눈빛을 발사해요. 방문을 잠그려 하고, 조금만 뭐라 해도 신경질적인 말투로 대꾸하고, 심지어 친구들한테 하듯 욕을 할 때도 있어요. 예의 없는 행동에 화가 나서 부모님이 분노하면 아이도 참지 않고 더 안하무인으로 나와요. 부모님도 움찔할 정도로요. 오죽하면 엄마가 올리는 손을 아이가 잡는 날이 온다고 하겠어요. 집에서만 이런 모습을 보이면 참을 수 있겠는데 친구 관계에서나 학교생활에서도 삐거덕대는 일들이 생깁니다. 친구들에게 심한 말을 하고, 심지어 때리거나 싸움을 하기도 해요. 학교나 학원 수업을 빼먹고 결석하거나 선생님에게도 반항할 때가 있어요.

달라진 아이의 모습에 어쩔 줄 몰라 하며 눈물 흘리시는 부모님을 지켜보면서, 인내하며 지나가야 하는 시기라 상담사로서 무력하게 느껴지기도 했고 안타깝기도 했어요.

아이들에게도 중요한 이유가 있어요

물론, 모든 아이가 사춘기라고 달라지는 것은 아니에요. 개인적인 차이가 있죠. 자녀의 기질, 이전의 부모와의 환경 등에 따라 분명히 차이가 있습니다. 사춘기의 변화를 크고 작게 겪는 아이들의 가정에서는 마치 몸살처럼 홍역을 앓게 됩니다.

10대 초에서 중반의 사춘기 시기는 아이들의 뇌와 신체적인 발달, 호르몬의 변화 등이 급격한 시기예요. 엎친 데 덮친 격으로 코로나로 바깥 활동 등이 제약을 받고, 학교도 온라인 수업으로 전환되면서 강제로 집 안에만 갇혀 있어야 했던 시간이 길어졌어요. 가족이라도 각자 활동을 하며 밖에서 에너지를 발산하고 채워지고 만나야 하는데, 집에서 붙어있다 보니 예민해지고, 갈등이 증폭됐답니다. 아이들뿐만 아니라 부모님도 힘든 시간을 지나오느라 정말 고생이 많았어요.

부모님들도 10대 시절, 겪어봤듯이 어느 정도 시기가 지나고 나면 언제 그랬냐는 듯 아이들이 신체적으로도 정서적으로도 안정을 찾기도 해요. 1~2년은 물 흐르듯 지나가겠지만, 이 시간을 어떻게 보냈느냐에 따라 자녀의 인생이 달라질 거예요. 인생의 큰 질문을 스스로 던지고 답을 찾는 때잖아요.

'나는 누구지?'

인간이 동물과 다른 점이 바로 내가 누군지 묻는다는 거래요. 십여 년을 살아보고, 내가 어떤 사람인지 답을 잘 찾으며 20대를 맞이해야 앞으로의 여정에서 스스로 좋은 길을 찾아갈 수 있어요. 부모로서 이 시간을 어떻게 준비하고 맞이해야 좋을지 함께 찾아봐요. 저도 정답은 몰라요. 한 명, 한 명이 특별하고 다르잖아요. 아이들에게 달라지라고 말할 수 없어요. 순리인걸요. 우리, 부모님이 먼저 중심을 정하고 상황마다 현명한 길을 선택해보아요. 사춘기라는 파도 앞에서도 아이와 함께 든든히 나아갈 수 있어요!

Think 1

✦ 아이의 이런 점, 이해가 안 돼요.
✦ 요즘, 아이와 나의 관계는 어땠나요?

엄마, 아빠 역할의
지각변동

Q. 부모도 잔소리하기 싫죠.
   그렇다고 그냥 놔둘 수도 없잖아요?

어느 날, 상담을 이제 막 시작한 아동의 어머님께서 상담 센터로 메일을 보내셨어요. 2회 정도 상담을 받았는데 왜 아이가 달라지지 않느냐는 내용이었어요. 아이의 학습 습관도 여전히 엉망이고, 부모에게 말대꾸하고, 싸움이 커지고 있으니 실질적인 해결 방법을 알려 달라며 상담의 효과에 대한 불만을 토로하셨어요.

다음 상담 시간에 말씀하셔도 되는데 어머님도 얼마나 답답하면 메일까지 쓰셨을까 하는 생각에 짧게 답을 보냈습니다. 아이에게 여전히 화가 나 있고, 아이의 행동 하나하나가 마음에 안 들어 차가운 시선으로 바라보고 있는 어머님에게 자신을 돌아볼 수 있는 책을 읽어보길 권했어요. 상담 시간은 너무 짧으니까요. 다행히 다음 시간에 뵐 때 얼굴이 편안해 보이셔서 여쭤봤더니 그 책을 읽고 한참을 울었다고 하셨어요. 그동안 엄마로 살면서 마음에 쌓아났던 감정을 알아주는 것 같았다며 저와 이야기 나눌 때도 눈물을 흘리셨어요. 그리고, 아이에게 자기가 너무 심하게 했던 것 같다며 미안한 마음이 들었고, 이제 어디부터 잘못됐는지 알겠다고 하셨어요.

아이를 바라보는 시각이 여전히 차갑고 마음이 닫혀있는데, 제가 아이의 마음만 바꿀 방법을 알려드린다고 해서 아이의 행동이 바뀔까요? 아이들은 바보가 아니에요. 부모님이 자기를 어떻게 생각하고 있는지 훤히 꿰뚫고 있어요. 마치 본능적으로 감지하도록 설계된 것 같아요. 아이를 바라보는 진심이 전해지도록 부모님의 마음이 따뜻한 시각을 가져야 해요. 그러기 위해서 부모님 마음 안에 쌓인 감정들이 어루만져져야 해요. 짧은 상담 시간이라도 부모님 마음을 이해하고 공감하면 거대한 장벽에도 물꼬가 트여요. 잔뜩 굳어있고 긴장되어 있던 부모님의 얼굴이 말랑해지고, 온기가 느껴질 정도로 달라집니다. 학부모 집단 상담을 하면 첫 회부터 눈물을 펑펑 쏟으세요. 부모로 살면서 느꼈던 자책감, 속상함, 부담감, 어려운 마음들을 나만 그렇다고 생각해서 숨겼었는데 '다른 사람도 나처럼 힘들어했구나. 다들 이렇게 사는구나.' 하면서 위로를 받으셨대요.

잔소리는 관계를 망치는 지름길이에요

우리 마음에 올라온 감정에는 다 이유가 있어요. 내가 그 마음을 봐주고 알아줄 때, 누군가가 공감해 줄 때, '안녕~' 인사하며 사라집니다. 그전까지는 꼭꼭 숨어 있다가 조금만 빈틈이 보이면 갑자기 나와서 알아달라고 심술을 부려요. 아이의 작은 행동에도 크게 화나고 폭발하는 이유입니다. 해소되지 않은 부모님의 감정이 지금 이 순간 우리 아이와의 관계를 가로막고 있는 거죠.

아이가 온라인 수업을 제대로 하지 않고 오히려 짜증을 낼 때, 예전 같으면 잔소리 먼저 늘어놓다가 불같이 화를 냈을 거예요. 아이의 행동이 더 안 좋아질까 불안해서 그런 거죠. 우리도 자라면서 무섭고 엄하게 혼나고 나서 행동을 바꾸는 경험을 많이 해서 그럴 거예요. 다른 선택지가 있다는 것을 몰랐던 거죠.

마음을 보듬기 시작한 부모님들은 짜증 내는 아이 마음을 이해해 주고 기다려 줍니다. 스스로 움직이려 할 때까지 믿어주고 조급해하지 않습니다. 신기하게도 그때부터 아이가 조금씩 움직이기 시작해요. 그렇게 되니까 화내는 일도 줄어들고, 아이와 거리가 가까워지고, 손을 잡게 되고, 눈을 맞추며 이야기할 수 있게 됩니다. 부모님이 마음을 열고 다가가면 아이가 와서 잡아줍니다. 상담 중에도 아이들의 변화가 뚜렷해져요. 가장 먼저 달라진 점이 초반에는 "엄마랑 싸워서 기분 안 좋았어요, 부모님은 저를 싫어해요."라는 표현이 많았는데, 어느 순간부터 잘 지냈다고 해요. 부모님이 자신에게 잘해 준 것도 찾게 되고, 우스갯소리로 이제는 스킨십을 줄였으면 좋겠다는 말도 합니다.

저는 자신 있게 이야기합니다. 부모님이 마음을 돌보고, 보살피고, 중심을 잡으면 아이는 자연히 자기의 중심을 잡고 갑니다. 잔소리가 필요 없어져요. 소통과 연결의 대화가 이어지죠. 그래서 부모님을 돌보고 살피는 시간이 꼭 필요합니다. 책을 읽거나 강의를 듣는 것만으로는 절대 달라지지 않아요. 삶에 적용이 되어야 하죠. 좋은 내용을 실천하고, 실패해도 될 때까지 꾸준히 가본다는 마음가짐이 중요합니다. 제가 예전에 유명한 강사님들께 들은 이야기 중 가장 도움이 된 이야기는 자신들도 허벅지 수백 번 꼬집었다는 말이었어요. 저분들에게도 육아가 힘들고, 수없는 노력과 인내가 있다는 것을 깨닫고 저도 해 볼 수 있겠다는 생각이 들었어요. 우리도 가보자고요. 기나긴 시간, 장거리 마라톤처럼 호흡을 조절하며 페이스 찾는 노력을 해 봐요. 물론 이것이 어렵지만, 어떤 가치가 있을지 생각하면서요.

사춘기, 부모에게
온 두 번째 기회

**Q. 다 잘되라고 하는 말인데 부모 마음도 몰라주고
반항하는 아이, 제 잘못인가요?**

어느 예능 프로그램에서 게스트로 나온 배우 윤여정 님의 이야기를 재밌게 듣고 있었어요. 그러다가 그분의 한마디에서 정신이 번쩍 들었어요. 50여 년 동안 연기 생활하며 꼽은 명대사였는데요.

"누구도, 누굴 함부로 할 순 없어. 그럴 권리는 아무도 없는 거란다. 그건 죄야."

이 문장은 김수현 작가님의 1988년 드라마 '모래성'의 대사였어요. 윤여정 님이 이 문장을 읊어줄 때, 소름이 끼쳤어요.

'나는 우리 아이들에게 얼마나 함부로 대했었나? 나에게 함부로 대한 사람들로부터 나를 지키고 있었나? 그것이 죄라

는 걸 알고는 있었을까?'

이 말을 담고, 다음 날 약국에 가서 약을 받으려고 기다리는 중이었어요. 두세 살쯤으로 보이는 아이가 마스크가 불편한지 울면서 벗으려고 하자, 젊은 엄마가 이런 이야기들을 쭉 말하는 거예요.

"그거 벗으면 큰일 난다고 했지. 사람들이 너를 더 싫어한다니까. 우니까 못생긴 얼굴 더 못 봐주겠네. 뚝 그쳐. 계속 못되게 굴면 경찰 아저씨가 와서 너 잡아간다. 망태 할아버지가 너 혼내주러 오겠네."

엄마의 끝없이 이어지는 레퍼토리가 토씨 하나 안 틀리고, 어쩜 저희 어릴 때 듣던 말과 똑같을까요. 여러분이 이 말을 들었을 때 어떠셨나요? 한 사람의 행동을 바꾸기 위해 가하는 위협적이고, 비인간적인 말들로 들렸나요? 우린 아직도 아이들을 한 사람으로 존중하기보다는 어른들의 말대로 따르도록 강압적으로 대하고 있었어요.

아이가 사춘기를 겪으면서 확실히 알았어요. 제가 아이를 대했던 방식이 존중이라 말할 수 없을 정도로 얼마나 일방적이었는지를요. 우리 아이들은 학교에서 인권 수업을 받고 자라고 있어요. 부모라도 자신을 함부로 하면 경찰에 신고하라고 교육받고 있어요. 학교에서 교육받는 것과 다른 상황들에서 아이가 그동안 많이 참아왔던 거예요. 하지만, 이제는 참

지 않아요. 아이 얼굴에 묻은 것이 있어서 떼어 주려고 하는
데 아이가 손을 밀치며 찡그리고 짜증을 내더라고요.

'아, 내가 아이에게 떼어줘도 될지 묻지 않았구나.'

아이라고 생각해서 내가 입히고 싶은 대로 입히고 너를
위한 거라며 얼굴에도 몸에도 막 손을 대고 몸에 좋은 거라며
먹어라, 먹지 말아라 강요했었다는 것을 이제야 알게 됐어요.
아이도 억울하고 속상하고 화나고 무서웠던 마음을 삼키며
살아왔다는 것을요. 엄마, 아빠가 나를 버리면 안 되니까 자
기 마음을 표현하지 못하고, 치사해도 참고 힘들어도 버텼을
순간들이 그제야 떠올랐어요. 눈빛 레이더 제대로 날리는 아
이의 모습에 제가 얼마나 오만했었는지 이제 깨달았어요.

반항하는 마음의 메시지를 읽고, 아이를 향한 존중을 장착해 보세요

그렇다고 이렇게 좌절하고 자책만 할 수는 없죠. 지금까지 보
낸 시간에서 애쓰고 잘 해낸 것들은 저장하고, 잘못한 것은
인정하고, 상처받은 부분은 사과해야 해요. 달라져야 한다면
노력하면 돼요. 사춘기는 아이가 자신에게 정말 필요한 것을
용기 내어 알리는 시기예요. 엄마, 아빠에게 내가 더는 이런
대우를 받고 살 수 없다, 나를 한 인격으로 존중해 달라, 하지
만 아직은 흔들림이 많으니 좀 더 버텨달라는 메시지일 거예

요. 특히 1~2년은 아이의 마음을 이해하고, 존중하기까지 무수히 많은 시행착오를 겪게 돼요. 그동안 쌓인 감정들이 많다 보니 아이도 좀 풀어야 하잖아요. 더구나 뇌가 리모델링 중이라 합리적이지 못할 때도 많아요. 부모로서는 기가 막힐 때도 많지만요.

'아이가 쌓여봤자 그게 얼마나 된다고!' 이렇게 생각하실지 모르겠어요. 하지만 상담실에서 만난 많은 분들이 어린 시절의 경험과 그 속에서 느꼈던 감정을 풀어내셨어요. 청소년뿐만 아니라 성인들도요. 엄마가 나를 맡겨두고 며칠이고 오지 않았을 때 불안했던 마음, 아빠가 사람들 앞에서 큰 소리로 혼내고 때릴 때 수치스러웠던 마음, 형제자매와 비교당하며 무시 받을 때 억울했던 마음들까지도 남겨진 이야기가 됩니다. 감정은 한순간이지만 강철같이 남거든요. 특히 제대로 해소되지 않은 감정은 길가에 뾰족 튀어나온 돌멩이처럼 삶에서 내내 걸려 넘어지게 해요.

저는 이 시기가 부모에게 주어진 두 번째 기회라 생각해요. 아이가 자신이 어떤 사람인지 알고, 건강한 자존감을 세우는 기회요. 뇌가 리모델링 중이라 했잖아요. 마음에 풀지 못하고 쌓아뒀던 감정을 보듬고 가벼이 출발할 수 있어요. 진짜 우리 아이를 제대로 만나게 되면서 어떻게 이해하고, 공감하고, 존중하면서 함께 걸어가는지 보여줄 수 있어요. 부모님이 보아주는 대로 아이는 자신이 어떤 사람인지 답을 찾아갑니다.

'나의 마음을 표현해도 되는구나, 나는 존중받는 사람이구나, 내 마음을 이렇게 조절해 갈 수 있구나, 나도 해낼 수 있는 사람이구나.'

사춘기가 힘들고, 두렵고, 아프기도 하지만 그만큼 충분한 의미가 있어요. 그 의미를 찾아서 우리 함께 가보아요.

아이들이 살아갈
시대는 10년 후

Q. 메타버스에 가상현실까지 미래가 휙휙 변하고
   있는데 그냥 놔두라고요?

　코로나의 수위에 촉각을 곤두세우면서도 불편해진 일상
이 적응될 정도로 세월이 흘렀어요. 인간은 적응의 동물이란
말이 맞나 봐요. 어느새 세상은 학교 수업뿐만 아니라 학원,
소모임, 강의, 체험 등 온라인으로 못 하는 것이 없을 정도로
다양해졌어요. 생활이 바뀌고 경제와 직업의 세상도 달라졌
어요. 인공지능, VR, 메타버스, 블록체인, NFT 등. 이것들은
도깨비방망이처럼 뚝딱하며 새롭게 나온 것이 아니에요. 이
미 예정되어 있던 미래의 포트폴리오가 미래학자들의 예상
보다도 최소 5년에서 10년 이상의 시기가 훅 당겨진 거죠. 달
라지는 시대에도 전문가들은 여전히 10년 후 어떤 일상이 펼

쳐질지 술술술 알려주고 있어요. '앞으로 이럴 거야, 저럴 거야.'라는 이야기만 들려도 우리 마음은 불안해져요. 공공의 적 '옆집 엄마' 말만 따라가지 말고, 정신을 현혹해서 지갑을 열게 하려는 사람들 말 듣지 말고, 이럴 때일수록 잠시 멈추고 생각해 봐요.

'나와 우리 아이에게 앞으로 진짜 필요한 건 뭘까?'

인간 고유의 능력을
발휘할 때예요.

호랑이에게 물려가도 정신만 차리면 산다는 말처럼 부모님이 먼저 혼란 속 중심을 잡고 길을 찾는 것이 필요해요. 부모님이 아이들에게 공부를 시키고, 노력을 기울이는 이유는 궁극적으로 아이가 성인이 되어 경제적으로 독립하여 잘 살기를 바라기 때문이죠. 그렇다면 아이들이 성인이 되어 살아갈 10년 후의 세상을 준비하는 것이 현명한 지름길 아닐까요? 전문가들은 농담 반 진담 반으로 디지털 원주민인 아이들이 이민자인 기성세대보다 더 잘 지낼 거라고 말해요. 적어도 역행해서 무한히 자라날 아이들의 싹을 꺾지 않도록, 우리도 큰 그림을 그려가며 좋은 선택을 해 봐요. 이지성 작가의 책 〈에이트〉에는 이런 힌트가 있어요.

'인간 고유의 능력인 공감 능력과 창조적 상상력을 갖추어야 한다. 한마디로 지혜. 인공지능은 지식과 기술을 쌓는 일이다. 지식과 기술을 쌓되 인간 고유의 능력을 갖추어야 한다.'

– 에이트(이지성 저, 차이정원) 중에서

결론적으로 이지성 작가는 '인공 지능에게 대체되지 않는 나를 만드는 프로젝트의 핵심은 인간다운 인간이 되는 것이다.'라고 했어요. 공감 능력, 창조적 상상력, 지혜, 인간다운 인간이 되는 것. 아마 책이 나왔던 2019년만 해도 이런 글을 흘려 넘겼을 거예요. "지금 세상이 어떤 세상인데. 대학교 가고, 공무원 시험 보고, 안정적인 삶을 위한 공식이 정해져 있는데 말이야." 하면서요.

자타 공인 대한민국 최고의 데이터 분석가 송길영 작가의 〈그냥 하지 말라〉 책에는 이런 구절이 있어요.

'이제는 내가 배우고 싶은 걸 정의하고, 그것을 스스로 체크해야 합니다. 즉 일방적으로 가르침을 받는 게 아니라 스스로 생각해 배울 범주를 정하고, 그것을 나의 본진으로 삼는 것이죠. 그에 따라 현명해지기 위한 정보를 취사선택할 수 있는 메커니즘을 찾는 작업, 곧 얼개를 만드는 작업이 교육의 역할이 될 테고, 나머지는 매체를 통한 자기 학습으로 가지 않을지 조심스럽

게 유추해 볼 수 있습니다.'

– 그냥 하지 말라(송길영 저, 북스톤) 중에서

코로나로 인해 달라진 2년을 살아보니, 삶의 방식이 이전으로 돌아갈 수 없음을 알게 되었어요. 아이들이 자라서 십년 후에 직업을 갖고 사회생활을 하기 위해서는 어떤 미래가 펼쳐질지 준비해야 합니다. 현재의 교육방식만을 아이들에게 고집하기보다는 새로운 길을 만들어 봐요. 성적에 따른 일방적인 경쟁이 아닌 협력과 상생을 알아야 해요. 인성을 갖추고, 사람의 마음에 관심을 기울이고, 그것을 얻을 수 있는 사람이 필요해져요. 평생교육 시스템에서 자기가 배우고 싶은 것을 찾고 도전하며 자기 안의 것을 세상에 보여줄 수 있다면 금상첨화겠죠. 어쩌면, 인간으로서 너무도 당연했던 것들이 제대로 가치를 발휘하는 시대라는 생각이 들었어요.

답이 없는 것에서 답을 찾아가는 것. 이것이 지혜예요. 부모님이 먼저 지혜를 깨우고, 본인과 자녀의 삶에서 해답을 찾아갈 수 있어요. 먼저 부모님의 마음을 보듬고, 지혜를 깨워 봅니다. 꾸준히, 한 걸음씩 가면 됩니다.

미래는 Unique & Unity

Q. 아이 행동이 너무 한심해요. 앞으로 뭐가 되려고 저럴까요?

저는 아이돌에 열광하거나 팬클럽까지 들어가서 연예인을 응원하는 문화가 익숙하지 않아요. 저에게는 별로 중요하지 않았던 거죠. 하지만, 저희 딸은 초등학교 4학년 때부터 걸그룹 '트와이스'를 좋아했고, 앨범이 나오면 몇 장씩 사서 '포토카드'라고 불리는 명함 크기의 아이돌 사진을 모았어요. 자신의 최애 연예인 포토카드를 모으기 위해서 SNS에 자기가 가지고 있는 사진을 올려서 교환도 하고, 우체국에 가서 우편 발송도 혼자 해내고 오더라고요. 또 어느 날은 최애 아이돌의 생일인데 카페에서 이벤트를 한다며 저보고 같이 가달라고 했어요. 지하철로도 한참을 가야 하는 곳이라 혼자 가라고 할 수도 없고, 마지못해 같이 가기 시작했어요. 딸이 커피를 사 주기도 하고 사춘기 때는 데이트도 쉽지 않다 보니 점점 소소한 재미가 되었어요. 마지막으로 카페 이벤트에 다녀왔을 때는 딸과의 소소한 추억으로 글쓰기 플랫폼 '브런치'에 글을 올렸다가 조회수 1만이 넘기도 했어요. 트와이스 팬 분들이 좋아요를 눌러주고, 댓글까지 열심히 달아주어서 그분들의 마음을 알게 됐어요. 엄마, 아빠는 자기가 아이돌 좋아한다고 따라다니면 싫어하고 잔소리만 하시는데 이런 부모님이 있었으면 좋겠다는 반응들이었어요. 부모님과 관계가 좋지 않다는 것에 안타까우면서도 자신이 좋아하는 일에 열정을 다하는 분들이 부러웠습니다.

딸은 아이돌을 좋아하면서 자기의 마음속 사랑과 열정을 열심히 표현했어요. 포토카드를 모으면서 끈기와 인내, 전략을 발휘할 수 있었고요. 카페 이벤트를 가기 위해 저를 설득하는 능력을 키우고, 훗날은 혼자 갔다 오면서 지하철 타는 방법과 길을 잃어도 어떻게든 찾을 수 있다는 확신을 경험했어요. 굿즈를 사기 위해 돈을 모으기도 하고, 거금을 써보면서 경제 공부도 했답니다. 제가 아이의 행동을 한심하게만 봤다면 아이의 눈부신 성장을 못 알려주고 갈 뻔했어요.

우리 아이들
내면의 씨앗을 찾아요

사춘기가 부모에게 온 두 번째 기회라고 했을 때, 우리 아이들에게 어떤 능력을 키워줄 수 있어야 할까요? 미래에 대한 그림이라고 할 수 있는 비전이 있다면 부모님들도 우왕좌왕하지 않고 찾아갈 수 있을 거예요. 부모님들과 자녀의 갈등은 대부분 '앞으로 어떻게 살려고 저럴까, 공부해서 좋은 대학교에 가야 뭐라도 하고 살지.' 같은 말에서 시작해 부딪히고 싸움이 됩니다. 부모라고 아이들에게 잔소리만 하고 싶을까요? 아니죠. 우리도 아이들이 싫어하는 잔소리 안 하고 싶은데 이대로 뒀다가는 성적도 떨어질 것 같고, 좋은 대학도 못 갈 것 같고, 낙오자가 되고, 불행하게 되지 않을까 하는 '불안'이라는 프레임이 가만두질 않아서일 거예요.

영국 옥스퍼드대 연구팀의 보고서에서 '2033년까지 현재 일자리의 46%가 사라질 것'이라는 결과가 있지만, 코로나로 인해 미래의 시계는 5년 이상 빨라졌다고 합니다. 인간의 '직업(job)'이 없어지고, 대신 '업(work)'이 자리를 채웁니다. 특정 직장이나 직업에 얽매이지 않고 자신만의 '핵심역량'을 바탕으로 다양한 '업'을 수행하는 사람들이 대세가 된다는 뜻이에요.*

이미 몇 년 전부터 이런 변화들은 커지고 있었어요. 유튜

브를 비롯해 인스타그램, 블로그 등의 SNS에서 자신의 역량을 발휘하며 크리에이터, 인플루언서로 활동하는 분들을 쉽게 볼 수 있죠. 오히려 생활에 없어서는 안 될 존재로까지 바뀐 것 같아요. 요리도 이제는 책이 아니라 영상으로 쉽게 배울 수 있고, 반려견을 돌보는 방법, 자동차, 심지어 농기계를 수리하는 것까지도 집에서 편안히 배울 수 있게 되었습니다. 온라인으로는 안 된다고 생각했던 분야들도 방법을 찾고 있어요. 이제는 박사, 교수님, 전문가 등의 학력과 자격증을 가진 사람이 아니어도 실제로 해낼 수 있는 능력을 갖춘 사람들을 더 신뢰하고 그들에게 열광하기까지 합니다.

존중과 신뢰를
보여주세요

20대, 30대 청년분들의 SNS를 검색하다가 그분들이 자주 언급하는 책의 구절이 눈에 띄었어요. 매출 2조 원대 스노우폭스 김승호 회장의 〈돈의 속성〉 책의 내용이에요.

'부모의 포기를 자녀에게 물려주지 마라. 자기가 좋아하고 자기가 하고 싶은 일을 하고 사는 것이 인생이다. 어디까지 갈지 모

---

* 중앙일보 기사, "난 열가지 일해요… 저무는 '1인1업' 시대" 2018년 1월 3일, 윤석만·남윤서 기자

르는 한 아이가 고작 대기업 직장인이 꿈인 목표에 동참하게 하지 말기 바란다.'

− 돈의 속성(김승호 저, 스노우폭스북스) 중에서

대기업 직장인인 꿈이 하찮다는 뜻이 아니죠. 아이 내면의 고유한 씨앗은 무시한 채 영재고, 특목고에 입학하고 명문대를 졸업해 공무원, 대기업, 소위 '사'자가 붙은 직업들로 살아야만 된다고 강요하면 안 된다는 말일 거예요. 아이가 좋아하고 하고 싶은 일들에 관심을 주고, 스스로 삶을 선택해 갈 수 있도록 지지해 주는 것이 중요하다고 알려주고 있습니다. 지금은 눈에 보이지도 않고 손에 잡히지도 않지만, 찬란히 빛나고 있는 우리 아이들 내면의 힘을 보지도, 믿지도 않고 남들은 어떻다더라는 말만 따라가진 않았었나요? 부모님들이 자랄 때만 해도 그걸로 어떻게 먹고 살려고 하나, 누구나 좋아하는 대로만 살 수 없다는 말을 귀에 딱지 않도록 들어왔어요. 전체, 나라, 학교, 가족이 먼저니까 무조건 따르라고 했어요. 그래야 살 수 있다고 생각했으니까요. 그래서 우리 행복했나요? 전체만을 강조하다가 마음이 아프고 다친 분들이 너무 많아졌어요.

이제는 우리 순서를 바꿔 봐요. 아이들이 한심해 보여도 그들이 좋아하고 관심을 가지고 열광하는 것들에 다가가 보아요. 분명, 각자에게 이유가 있을 거예요. 한 명 한 명의 독특함과 내면의 힘을 발휘하면서도 사람들과 어울려 살아갈 수 있어요. 개개인을 존중하면서 조화를 이룰 수 있는 방법을 찾아요. 앞으로의 시대는 Unique & Unity니까요.

부모에게 온 두 번째 기회의 큰 그림은 아이들을 존중하며, 그 속의 값진 보석들이 빛날 수 있도록 함께 아름다운 세상을 만들어가기! 우리가 한번 해 봐요!

아이의 감탄사에 눈 맞추기

사진이 어떻게 보이세요? 그저 하늘이 있고, 아파트와 자동차 등 구도도 안 맞고 영 엉성한 사진이지만 제게는 이 사진이 피카소의 작품보다도, 유명 사진작가의 사진보다도 귀하답니다.

학원에서 끝날 시간에 맞춰 중학생 첫째 딸 마중을 하러 갔어요. 딸이 차에 타기 전에 스마트폰을 꺼내더니, 하늘을 찍는 거예요. 차에 타면서 말했어요.

"엄마, 저 하늘 정말 멋있다."

"어디? 정말? 와~ 핑크빛 하늘이 진짜 예쁘다~"

바로 창문을 열고, 저도 딸이 담은 하늘을 사진으로 저장했습니다. 우리 딸이 멋있다고 한 하늘을 저도 두고두고 기억하고 싶었거든요. 자신이 멋있다고 한 장면을 함께 저장하는 부모의 모습을 딸도 기억하겠죠. 자신의 말을 귀담아듣고 감탄해 주는 순간에 딸도 자신을 소중히 생각하게 될 거예요.

사춘기 자녀와 관계가 좋아지는 팁은 거창하지 않아요. 사춘기 아이일수록 진심에 더 민감해요. 아주 작은 순간으로도 통할 수 있고, 연결될 수 있어요. 또, 부모로서 빛날 수 있죠. 아이의 눈높이를 맞추는 진심이 있다면요.

✦ 아이가 좋아하고, 열정을 보이는 순간들은 언제인가요?
✦ 그 순간을 함께하고 좋은 추억을 만들 수 있는 방법을
  찾아보세요.

<자존감, 효능감을 만드는 버츄프로젝트 수업> &

<그 아이만의 단 한 사람> 권영애 저, 아름다운사람들

세계적인 인성 프로그램인 버츄프로젝트 내용이 한국에서 유일하게 허락된 책들이에요. 전직 초등학교 선생님이셨던 저자가 버츄프로젝트를 학생들에게 적용하며 겪은 놀라운 변화가 담겨있습니다. 이 책에서 자녀의 진짜 자존감을 높이는 방법을 배울 수 있습니다.

<당신이 옳다> 정혜신 저, 해냄

저자는 정신건강의학과 전문의로 진료실이 아닌 세상으로 나와 마음 아픈 사람들의 치유자로 살아왔어요. 전문가들이 하나같이 중요하다고 외쳤던 '공감'이 왜 필요하고, 어떻게 하는지를 다양한 사례를 통해 쉽게 이해할 수 있도록 알려줍니다.

<미라클 베드타임> 김연수 저, 다독다독

자녀의 취침 시간이 불규칙하거나 스마트폰 사용 등으로 너무 늦어져서 밤마다 잔소리할 때가 많아요. 이 책은 초등 고학년까지도 변화가 가능한 교육법을 알려줍니다. 건강한 취침 습관을 통해 자녀에게 규칙적인 생활습관과 더불어 자기주도적인 학습태도를 길러주는 교육법이 담겨 있습니다. 엄마의 자기 존재 가치를 일깨워주며 가족의 현명한 성장을 도와줍니다.

<당신이 알던 MBTI는 진짜 MBTI가 아니다> 고영재 저, 인스피레이션

MBTI를 단순히 성격유형으로만 나누는 것이 아니라 마음 설계도처럼 사람들의 강점과 약점을 알려주는 중요한 도구라고 알려주는 책이에요. 아이들뿐만 아니라 부모님까지 우리 가족의 강점을 제대로 알고, 효과 만점의 지지를 해주세요. 약점은 비난하는 대신, 존중하며 현명하게 도와주세요.

<부와 성공을 부르는 12가지 원칙> 게리 바이너척 저, 천그루숲

게리 바이너척은 미국 대형 미디어회사 회장이자 베스트셀러 작가이며, 뼈 때리는 독설로 오히려 사람들의 마음을 사로잡았습니다. 이 책은 단순히 부를 늘리는 스킬이 아니라, 자기 인식, 감사, 공감, 호기심 등 저자의 인생을 성공으로 이끈 12가지 마음가짐을 알려줍니다. 자녀가 미래를 위해 갖추어야 할 마음의 힘을 배울 수 있어요.

<2030 축의 전환> 마우로 기엔 저, 리더스북

전 세계 리더들을 충격에 빠트린 와튼스쿨의 경영 석학 마우로 기엔 교수의 미래를 예측하는 책이에요. 코로나보다 더 거대하고 질적인 변화가 닥칠 2030년, 부모와 자녀 모두 대비가 필요합니다. 부모님이 먼저 미래를 준비하면서 아이들이 살아갈 세상을 안내해 주세요.

<럭키 드로우> 드로우 앤드류 저, 다산북스

기성세대의 성공 방식과 다른 차원의 좋아하는 일로 경제적, 시간적, 정신적 자유를 얻은 상위 1% 밀레니얼 프리 워커, 드로우 앤드류를 만나 보세요. 단순히, 상위 1%보다 중요한 건 여러 번의 무모한 도전과 숱한 좌절에도 용기와 희망, 지혜로 멋있게 세상을 개척하며 배워가고 있는 모습입니다.

사춘기,
자녀는 리허설 중

질풍노도의 시기에도
이유가 있다

Q. '쟤가 도대체 왜 저럴까? 어떻게 되려고 저러지?
   하루에도 몇 번씩 이런 생각이 들어요.

사춘기 자녀의 급격하게 달라진 모습을 보면서, 부모님
마음에 바로 떠오르는 문장이에요. 저도 첫째의 사춘기를 만
나면서 '쟤가'라는 말이 목까지 차올랐었답니다. 저도 그 시
기를 겪었잖아요. 개구리 올챙이 적 생각 못 하듯, 아이를 이
해하지 못했어요.

갑자기 멀쩡히 잘 있다가 어떤 포인트에서 마음이 상했는
지 막 화를 내면서 발을 동동 굴러요. 특히 아침에 등교 준비
하면서 머리 스타일이 마음에 안 든다든지, 지각할 것 같다는
생각이 들면 그때부터 난리가 나요. 제가 한 마디라도 물었다
가 불난 집에 부채질한 격으로 저와의 싸움으로 번지게 됩니

다. 그러니 말을 말아야지 하면서도 속에서 치밀어 오르는 화를 참지 못하고 저도 뱉어내고야 말아요.

"그러게 네가 준비를 잘하든가, 아침부터 사람 기분 상하게 뭐 하는 거야!"

아이는 제 말에 울며불며 난리 치다가 현관문 쾅 닫고 나가 버려요. 그 순간, 정신이 돌아오는 건 뭔지요.

'어휴, 조금만 참을걸. 아침에 잔뜩 기분 나빠서 가면 얘도 힘들 텐데……'

자책 모드로 돌아옵니다. 여기서 행동의 변화로 이어지면 되는데 아이 얼굴만 보면 또 방어태세로 전환하게 되네요. 그렇게 6개월을 보내다 보니 조금씩 요령이 생겼어요. 아이가 '발광'을 시작할 것 같으면 얼른 방을 나와서 베란다로 가요. 이어폰을 끼고 이런 순간을 위해 미리 골라놓은 음악 플레이리스트를 켭니다. 그래도 마음 진정이 안 될 때는 베란다에서 구시렁구시렁 혼잣말로 아이에게 욕도 해요. 앞에서 할 수는 없지만, 저도 올라온 화 에너지를 풀어야 하잖아요. 감정은 절대 그냥 사라지지 않거든요. 혼잣말로라도 풀고 나면 미안한 마음이 들어서인지 진정된 상태로 아이를 대할 수 있어요. 팟캐스트 방송에 게스트로 참여했던 방송을 아이와 함께 듣고 있었어요. 그런데, 제가 혼잣말로 욕하며 마음을 진정시킨다는 내용이 나왔어요. 그 순간, '아차' 싶었는데 아이는 오히려 해맑게 웃으며 말하더라고요.

"엄마도 그래? 나도 욕하는데~"

'그래, 피장파장이구나.' 했죠. 부모자식 간이라고 서로 사랑만 하고, 존중만 하고 살 수 있나요. 서로의 컨디션이나 상황에 따라서는 마음에 안 들 때도 있고, 죽도록 미울 때도 있겠죠. 대신 그 마음으로 서로를 상처 주는 것이 아니라 마음을 돌보면서 관계를 조정해 가야 합니다. 아동문학가인 편해문 작가님 강의에서 부모의 삶은 도를 닦는 일이라는 말을 듣고 한숨은 나왔지만, 마음에 내내 남았어요. 도를 닦는다는 것. 결국은 나 자신의 삶을 성장시키는 일이잖아요.

자녀의 뇌에서 벌어지는 일

그렇다고 부모님이 참는 것만이 능사일까요? 현실을 있는 그대로 보고 이해하는 것이 중요해요. 이해하면 그 상황에서 어떻게 해야 좋을지 방향을 찾고, 현명한 선택을 할 수 있어요. 아이의 행동에는 비밀이 있죠. 이 시기는 어른으로 살기 위해 준비하는 시기예요.

사춘기는 아이의 뇌로는 안 되니까 확장될 수 있도록 리모델링을 하는 시기예요. 만 10년 동안 잘 쌓아왔던 뇌 속의 구조들이 흐트러진 상태에서 다시 차곡차곡 재배치 하는 거죠. 뇌는 20대 초 중반까지 성장해요. 뇌의 제2 탄생기라 할 정도로 더 많은 가지와 뿌리를 뻗고 불필요한 부분을 제거해요. 종합적인 사고력을 담당하는 전두엽이 새로 태어나면서 중요한 것은 남기고, 필요 없거나 쓸모없어진 신경회로와 신경세포들을 솎아내요. 이 일을 하느라 아이가 충동적이 되고, 어떨 때는 나사가 하나 빠진 것 같기도 해요. 엄마, 아빠를 화나게 하려고 일부러 그러는 것이 아니라 아이도 살아갈 준비 중이라 그렇다는 것을 꼭 알아주세요.

또한, 이 시기의 경험과 행동 습관이 뇌 성숙에 영향을 주기 때문에 아이의 행동에 대한 주변의 반응이 중요해요. 자존감의 기반이 정립되고, 뇌 발달의 촉진과 정체에 영향을 미친답니다. 우리, 이제 사춘기 아이들을 괜히 오해하지 말고, 진짜 필요한 것을 주어요. 아이도 뇌와 신체 구석구석이 크느라 고군분투 중이잖아요. 이제 아이를 볼 때, 이렇게 생각해 보면 어떨까요?

'아이도 살아내겠다고 애쓰고 있구나.'

어머니, 아이가
관심군으로 나왔어요

Q. 아이가 말도 안 하고, 방에 들어가서 나오지도 않아요. 우울증일까요?

'어머님, 안녕하세요? 지금 잠깐 전화드려도 될까요?'

첫째의 중학교 1학년 담임선생님께서 통화하고 싶다는 문자를 보내셨어요. 일단 마음이 철렁했어요. 학사일정 등 학교생활과 관련한 일은 문자로 처리하셨었기에 통화가 필요하다는 건 아이의 신상에 관한 것이라는 직감이 들었어요. 초등학교 6년 내내 학교에서 문제나 어려움 없이 잘 지내왔던 아이였기에 짐작 가는 일도 없어서 더 불안했던 것 같아요. 얼른 담임선생님께 전화를 드려 아이에게 일어난 요즘의 변화를 들었습니다.

"어머니, 00이가 요즘 집에서 우울하거나 힘들어하는 점이 있나요? 걱정돼서 연락드렸어요."

선생님이 통화를 요청한 발단은 전국의 중학교 1학년 학생을 대상으로 하는 학생정서 행동특성 검사에서 첫째의 우울, 불안 등의 지수가 위험 수준으로 나왔다는 거였어요. 소위 말해 관심군으로 선정되어서 의무적으로 재검사와 상담을 받게 되었다는 겁니다. 아이가 특별히 어려워하는 점이 있으면 눈에 띄었을 것 같은데, 생각해 보니 친구들과 거의 어울리지 않고 쉬는 시간에도 책만 읽어서 오히려 책 읽기를 금지했을 정도였대요. 아이가 뭔가 힘들어서 친구를 사귀기가 어려웠던 것 같다고, 가정에서도 관심 부탁드린다며 통화는 마무리되었습니다.

통화를 마친 후, 한참을 멍하니 있었어요. 초등학교 6년을 밝게 자란 아이였고 중학교도 초등학교 바로 옆이어서 적응에 어려움이 없을 것이라고 생각했었거든요. 첫째가 중1이 되는 해에 코로나가 시작됐어요. 자기 방에 있는 것을 좋아하고 자기만의 시간이 꼭 필요한 첫째는 학교 가지 않는다며 너무 좋아했었고, 동굴에 들어간 아이처럼 방에서 거의 나오지 않을 정도였어요. 하지만, 그 몇 달 동안 아이의 마음에 어떤 일이 있었던 걸까요? 혼자 머릿속으로만 굴려봤자 답은 없고 첫째가 오면 대화해 보기로 했어요. 선뜻 입이 떨어지질 않았어요. 어떻게 물어봐야 하나 고민하다가 학원 픽업으로 단둘

이 차에서 보낼 때, 슬며시 물었죠.

"얼마 전에 학교에서 심리 검사했다며? 검사할 때 어땠어?"

"그 검사? 문항들 읽으면서 내 맘이랑 비슷한 게 많았어. 요즘에 괴롭고 무서운 생각이 들 때가 많냐고 해서 그렇다고 했지. 방에서 명상도 하고, 죽음도 생각이 나고, 옛날 일들이 막 떠올랐거든. 특히 7살 때 바위에서 떨어져서 이마 찢어졌었잖아. 방에 혼자 있을 때 그때 생각이 자꾸 떠올랐어. 혼자 있을 때가 많냐는 질문에도 코로나로 맨날 집에 있으니까 그렇다고 했고."

그제야 안심이 되면서 비밀이 풀렸어요. 코로나로 친구들도 못 만나고, 방에 혼자 있고, 죽음도 많이 생각하게 되어 검사 문항에 답하다 보니 우울, 불안 등의 항목에 체크가 됐었던 것 같아요. 그리고 무엇보다 중요한 것은 아이가 예전의 기억들과 그 속의 미해결 감정들을 다시 처리하고 있었음을 알게 됐어요. 그런 작업까지 하는 줄은 몰랐거든요. '어쩌면 강제로 혼자 보내는 시간이 주어지면서 아이가 꼭 거쳐야 할 과정을 지낼 수 있었겠구나' 하고 어느 정도 안심도 됐어요.

마음에서 소용돌이가 일어나고 있어요
판단을 내리기보다는
관심으로 지켜봐 주세요

갑자기 영화 〈인사이드 아웃〉이 떠오르면서 장면들이 겹쳐졌어요. 11살의 라일리가 사춘기처럼 성장의 단계에서 뇌와 마음이 어떤 과정을 거치는지 재밌으면서도 감동적으로 보여준답니다. 우리 마음속에서 느끼는 수백 가지의 감정들 중 가장 기본 뼈대라 할 수 있는 5가지 감정인 기쁨이와 슬픔이, 버럭이, 소심이, 까칠이가 나와요. 감정들은 존재 이유가 있어요. 소심이는 안전을 지키고, 버럭이는 자신의 선과 경계를 보여주고, 까칠이는 소신을 발휘할 수 있도록 해 주죠. 기쁨이는 삶의 활력소가 되고, 슬픔이는 아픔을 알아차리며 사람들과 나누고 공감할 수 있는 다리가 됩니다. 슬픔이가 없어져야 하는 것이 아니라 서로 함께 할 때 소중한 기억이 되고, 성장해 갈 수 있다는 것을 기쁨이도 깨달았어요.

사춘기에는 뇌의 리모델링으로 일대 혼란이 일어나면서 아이들이 감정 표현의 충동성이 커져요. 상황에 맞지 않게 날 선 이야기를 하거나, 기분대로 안 한다고 하거나, 버럭 화만 먼저 내버리고 말기도 해요. 또, 아이의 내면에서는 예전에 느꼈던 기억과 감정들이 불쑥불쑥 올라와요. 엄마가 사람들 앞에서 크게 혼내서 창피했던 것, 부모님이 자기만 할머니

댁에 맡겨두고 갔을 때 불안했던 것, 갑자기 오토바이에 치여 다치고 놀랐던 것, 소중한 누군가를 잃었는데 슬퍼하지 못했던 것 등 명확하진 않은데 움찔움찔한 느낌으로 올라와요. 첫째도 이런 느낌이었다고 말해주더라고요. 마음에서 그 순간들에 느꼈던 강렬한 감정들을 돌봐 주어야 해요. 이 시기에 해결하지 않으면 앞으로 성인으로 살면서도 두고두고 따라올 기억들이거든요. 엉킨 털실들끼리 뭉쳐지면 더 꼬이고 복잡해지듯이 기억들도 시간이 지날수록 핵심 감정을 찾기가 어렵고, 성격에까지 영향을 미치게 됩니다.

사춘기는 몸이 크는 만큼, 십여 년의 삶을 돌아보고 뇌와 마음을 재정비하는 시기예요. 마음속에 간직하고 있었던 아이들의 이야기를 보아주세요. 또, 아이들이 스스로 마음을 돌볼 수 있도록 시간을 주세요. 아이의 마음에 귀 기울여주고, 귀하게 바라봐 주시면 아이들도 마음을 돌볼 힘이 생길 거예요.

부모님께 용기 내고
있는 중입니다

Q. 부모님 말도 잘 듣던 얌전한 아이였는데, 다른
   사람이 된 것 같아요.

10여 년 동안 살면서 아이도 저에게 하고 싶었는데 하지 못한 말이 얼마나 많았을까요? 아이도 이 세상에서 부모만 의지하고 살아간다는 자체가 불안하고 두려운 일인데 그 부모가 자기에게 '잘못됐다, 그러면 안 된다'라고 난리를 칠 때마다 얼마나 무섭고 싫었을까요? 아이가 행동으로 이 선을 넘으면 안 된다고 저에게 옐로카드를 내미는 것 같았어요.

'이 선 넘으면 삑! 침범이야!'

사람은 일생을 살아가는 동안 시기마다 중요 미션들이 있어요. 시간이 지나고 신체 발달이 자연스레 일어나겠지만 우리는 사회적 동물이잖아요. 나와 우리로서 살아가기 위해 몸의 성장처럼 마음도 시기마다 발달하게 된답니다. 미국의 정신분석가 에릭슨은 심리사회적으로 인간에게 미리 정해진 8개의 발달 단계가 있다고 설명합니다. 모든 사람은 유전적 기질을 바탕으로 사회적 환경과 상호작용하면서 한 단계씩 거쳐 가게 돼요. 사춘기와 청소년기의 발달 과업은 정체성, 즉 자아정체감이에요. '내가 누구인가?'라는 질문에 답을 찾는 것이죠.

그렇다면 '내가 누구지?'라는 질문의 답은 어디서 찾을까요? 뇌도 20대 초 중반까지 자라기 때문에 나를 객관적으로 인식하고 평가하기가 어려워요. 그동안 사람들에게 들었던 말들, 시선, 피드백 등으로 나를 인식하게 됩니다. 특히 가장 가까운 주위 사람들인 부모님, 형제자매, 선생님, 친구들, 친척들과의 관계에서 답을 찾아요.

"너는 왜 이렇게 게으르니?"
"우리 딸이 제일 착하네."
"너는 말이 너무 많아. 그 말 좀 못 줄이니?"
"못됐어. 자기만 생각하는 애야!"
"너는 고집불통이야!"
"엄마 말을 이렇게 잘 들어요. 최고!"
"방 정리도 안 하고 지저분하고. 너는 도대체 생각이 있니,

없니?"

'아, 나는 게으른 애지. 잘하는 것도 없댔지.'

'나는 이기적이고 못돼서 사람들이 싫어할 거야. 내 주장을 하면 안 돼. 나는 사람들에게 맞춰야 해.'

'난 착해야 해. 다른 사람 말을 잘 들어야 해. 엄마 고생시키면 안 돼.'

'나는 상대방이 화내고 소리 질러도 할 말이 없어. 말 못할 거야.'

'나는 정리도 못하고, 끈기도 없어. 잘하는 게 하나도 없어.'

지금까지 참아준 거예요
더 참으면 병 돼요

이것이 100% 객관적인 사실일까요? 제가 강의 때마다 여쭤보면 대부분 고개를 저으세요. 아니라고요. 부모로 살아보니지칠 때도 있고, 부담감과 함께 막막할 때도 있어요. 그러다보니 아이에게 제 맘대로 행동하고 선을 넘을 때가 너무 많았어요. 다 잘되라고 한 거지만 제 말과 시선, 반응들로 아이가자신을 보게 되리라 생각 못 했던 거죠. 이렇게 형성된 자아정체감, 정체성, 자존감이 성인이 돼서도 이어질 수 있어요.

그래서, 사춘기가 부모님에게 온 두 번째 기회인 것입니다.

에릭슨은 특히 이 시기에 주요한 두 가지 과제가 있다고 말했어요. 하나는 자신이 속한 집단의 책임과 의무를 완수하는 '소속감(commitment)'이고, 다른 하나는 가족의 울타리 밖에서 새로운 것을 찾아보려고 시도하는 '탐색(exploration)'이에요. 사람들과의 관계에서 소속감을 느끼고, 세상을 향한 새로운 시도로 용기를 내는 거죠. 가장 가까운 가족과의 관계에서 소속감이 채워지지 않는다면 어려울 수밖에 없겠죠. 아이의 눈빛이나 행동이 달라졌다면 그 이면의 마음을 알아주세요.

'아이가 진짜 자신이 누구인지 알아가고 자기로서의 힘을 써보려고 하는구나.'

부모님을 무시하고 버릇없는 행동이라기보다는 아기 때 걸음마 배우듯이 자신을 찾느라 좌충우돌 중인 거예요. 산같이 큰 존재였던 부모를 향해 용기 내고 있다고요.

나사 하나 빠진 것 같다고요?
맞아요.
지금 조립중이니까요.

Q. 정신이 나간 것 같아요. 오히려
더 어려졌다니까요?

'나사가 하나 빠졌어. 지금 제정신이 아니야. 릴랙스, 릴랙스.'

아이의 행동이 아무리 이해하려 해도 이해가 안 되고 화가 올라올 때는 아이에게 기대를 낮추고, 마음을 달랜다며 이렇게 생각했어요. 눈앞에서 벌어지는 일들을 도저히 제 선에서 받아들일 수 없었으니까요. 저의 아이들뿐만 아니라 상담실이나 주위에서 듣는 이야기들도 놀랄 노자였죠.

초등학교 때는 머리카락도 끈 하나로 질끈 묶고 신경도 안 쓰던 아이가 앞머리가 이상해서 마음에 안 든다며 가족 모임에 갑자기 안 나가겠대요. 아무도 너의 머리에 신경 쓰지 않는다고 설득해도 그 마음을 움직이기가 쉽지 않아요. 회유 반 협박 반 억지로 데리고 나가도 내내 불편한 마음으로 있을 거라 그냥 체념합니다. 샤워도 대충 씻는 듯 마는 듯했던 아이가 외출 한 번 하려면 씻는 데만 1시간이 넘어요. 그만 좀 나오라고 해도 함흥차사, 천하태평한 태도에 밖에서 기다리는 식구들만 애가 탑니다. 패션쇼 가는 것도 아닌데 옷을 쫙 꺼내놓고 입었다 벗었다 마음에 들기까지 또 한참입니다.

어느 날부터인가 아이 눈썹이 진해지더니 입술이 점점 새빨개져요. 조금 있으니 얼굴만 하얘지고, 화장 없이는 집 앞 슈퍼도 나가지 않아요. 요즘이야 코로나로 마스크가 일상이지만 잠깐이라도 맨얼굴로 나가려면 후드 티로 모자 뒤집어쓰고, 마스크 쓰고 연예인처럼 자기를 철저히 가려야 해요. 최근에는 학교에서 학생의 자율성과 권리를 존중하기 위해 화장과 두발 단속이 심하지 않아요. 하지만, 단속이 심하더라도 어떻게든 진하게 화장하고 가더라고요. 간섭하지 말고 내버려 두라며 어른으로 대접을 요구하다가도 부딪치지 않으려고 물러서 있으면 관심이 없다고 불만을 가지고요. 부모도 도대체 어쩌란 말이냐 종잡을 수가 없습니다.

학원에 갈 시간인데 움직임이 없어서 그제야 알려주면 왜 이제 알려주냐며 늦었다고 안 가겠대요. 어릴 때는 울리기라도 해서 학원 앞에 데려갔는데 이젠 머리가 커진 아이를 움직

일 수가 없어요. 학원만 해도 속이 타는데 학교까지 안 가겠
다고 하면 그때부턴 부모님 온 마음이 타들어 갑니다. 초등학
교까지 완전 모범생에 엄마, 아빠 말이라면 그대로 따르던 아
이가 어느 날부터 눈빛이 변하고 한마디마다 시한폭탄 같더
니 학교를 그만두고 싶대요. 사정을 알고 보면 아이들도 다
이유가 있어요. 선생님이 너무 강압적이어서 크게 창피를 당
했거나, 친구들 사이에서 따돌림을 당하고, 소외를 겪었을 수
있어요. 친구 문제라고 말하면 부모님들은 그런 아이들 무시
하고 참고 다니라고 마음을 끌어보지만, 강철같이 움직이지
않아요. 아이가 힘들어하는데도 억지로 다니게 했다가 20대,
30대까지 방문 밖을 나오지 않는 경우도 많아지고 있습니다.

말과 행동 이면의
속마음을 보아주세요

아이들이 왜 그럴까요? '중2병'이란 말처럼 아이들이 이상해
져서 문제가 생기는 걸까요? 정도의 차이에 심리적인 상태의
결합이 작용하지만, 당연히 이런 행동에는 이유가 있어요. 청
소년기의 두드러지는 특성이 자기중심성이에요. 뇌가 발달
하면서 자기 생각뿐 아니라 다른 사람의 사고 또한 자기의 관
점에서 체계화하기 시작해요. 신체와 정서적 변화가 급격히
일어나다 보니 자신의 외모와 행동에 몰두하게 되면서 다른

사람도 자신에게 큰 관심을 가진다고 생각합니다.

자기중심성의 두 가지 특징이 있는데요. '상상적 관중 (imaginary audience)'과 '개인적 우화(personal fable)'예요. 사람들이 관중처럼 모두 무대 위의 자신을 지켜보고 있다고 상상하며 행동해요. 또, 자신의 감정과 사고가 매우 독특하고 특별해서 사람들이 자신을 이해할 수 없다고 믿어요. 이런 특징들도 발달 과정에서 타인의 사고에 대한 개념화를 이루고, 친밀감이 건강하게 획득되면 자연스레 사라집니다. 철들었다는 말처럼, 혼돈의 경험 속에서 나와 타인 간의 건강한 거리를 배워가는 중이라고 볼 수 있어요. 먼저 부모님이 아이의 이해되지 않는 행동 이면의 존재 이유를 제대로 이해해야 해요.

아이들 속마음은 어떨까요? 아이들이 생각 없이 자기 하고 싶은 대로만 하는 것이 아니라 자기도 최선을 다하고 있어요. 사람들은 다 나를 주시하는 것 같고, 조금만 실수하고 부족해도 비난할 것 같은 마음이 들어요. 친구들끼리 작은 일로도 손절 당하고, 따돌림을 받으면 교실 안에서 1분 1초도 버티기 힘들어요. 겉으로는 신경 안 쓰는 척 아무 일 없는 척하지만, 속으로는 비참하고 속상하고 당장 뛰쳐나가고 싶대요. 급식 시스템이다 보니 친구가 없으면 점심도 거의 굶어요. 다들 삼삼오오 짝지어서 밥 먹는데, 혼자만 먹고 있으면 웃음거리가 될까 두려운 거죠. 상담할 때, 학기 중에 내내 점심 안 먹는 아이들은 간식을 몇 배로 챙겨줬어요. 한창 클 나이에 그 허기진 몸과 마음이 조금이라도 채워지도록요. 아침에도 일어나자마자 정신없이 나오는데 오후 3~4시까지 얼마나 배고플까요?

밖에서도 긴장하고 전쟁 같은 시간을 보내고 왔는데 집에 와서도 이런 마음을 나눌 수가 없대요. 부모님은 행동이 마음에 안 든다고 지적하고, 조언을 빙자한 잔소리들만 늘어놓으시니까요. 아이들에게는 자기도 노력하고 있다는 것을 알아주고, 사람들 사이에서 속상하고 다친 마음을 위로받는 것이 필요한 거죠.

사춘기 자녀의 한마디에
비상사태

Q. 아이가 아빠랑 부딪치면 시한폭탄, 저만 중간에서 난감해요.

예의 바르고 리더십이 뛰어나 친구들 사이에서도 인기 많은 아이가 사춘기가 되니 말 한마디 때문에 부모님과 많이 부딪쳤대요. 얼마 전에도 저녁 식사 중에 아이가 물을 마시려 할 때 아빠가 자기도 물 한잔 달라고 했다가 아빠가 떠서 마시면 되지 왜 자기에게 시키냐고 한마디 했대요. 순간 차가운 공기가 엄습하더니 아빠가 폭발해서 내가 딸한테 물 한잔도 못 달라고 하냐며 화를 엄청 내셨대요. 중간에서 이러지도 저러지도 못하는 엄마, 밖에서 열심히 돈 벌고 왔더니 대접도 못 받는 것 같아 서운하다 못해 서러우셨을 아빠. 두 분의 마음도 이해가 돼요. 그리고 자기도 한마디 했다가 갑자기 폭탄

맞고 억울했을 아이의 마음도요.

아이가 어렸을 때는 부모님이 혼내는 것에서 끝이 나지만, 사춘기의 아이들은 다르죠. 뒤늦게 사태 파악을 하고 듣고만 있을 때도 있지만, 아이도 눈이 뒤집혀 대든다거나 싸움이 나기도 해요. 심지어 몸싸움으로까지 이어지기도 합니다. 상담실에서 만난 고등학생, 대학생의 경우 특히 아빠와 사이가 좋지 않은 경우가 많았어요. 아빠에게 인사 안 했다가, 한마디 했다가, 아니면 영문도 모른 채 맞았을 때가 있었다고 이야기해요. 갑자기 화가 나셔서 뺨을 때렸거나 그보다 더 심각한 폭력일 때도 있었습니다. 단 한 번의 경험일지라도 아이들은 이날의 기억으로 아빠에 대한 분노와 함께 두려움을 갖고 살아왔어요. 부모님도 그때만 참았으면 좋았을 걸 후회하면서도 그때는 그렇게 가르쳤어야 했다고 생각하세요. 닭이 먼저냐, 달걀이 먼저냐처럼 어느 쪽도 잘못을 순순히 인정하고 사과할 수 없는 이날의 기억을 마음에 묻고, 관계에는 벽이 생겨버립니다.

그 순간은 모델링의
기회이기도 해요

이쯤에서 중요한 포인트가 있어요. 우리 집 아이만 버릇이 없고, 부모를 무시해서 이렇게 말하는 것이 아니란 거죠. 사춘기니까, 반항적인 때라 한 번씩 기를 확 눌러주려는 부모님의 의도도 결코 도움이 되지 않아요. 충동적이고 말도 안 되는 행동을 하게 되는 이유를 먼저 알려 드릴게요.

사춘기의 가장 중요한 임무는 '뇌의 전두엽 활성화'예요. 전두엽은 뇌의 가장 앞쪽에 자리 잡은 영역으로 어떤 문제가 생겼을 때 합리적, 종합적으로 생각하는 기능을 해요. 전두엽은 12세 정도부터 발달하기 시작해서 20대 초, 중반쯤에 완성됩니다. 현재는 뇌의 리모델링이라 할 정도로 치열하게 발달 중이다 보니 뇌의 시냅스들은 늘어나 있고 작동은 미숙해서 판단력에 혼란이 생겨요. 초등학교 때도 안 하던 짓을 해서 가끔 왜 저러나 싶을 때가 있는 거죠. 전두엽이 아직 제 기능을 못 하다 보니 정서적인 반응을 하는 변연계가 먼저 작동해요. 특히 상대의 말에서 불쾌했거나 권위적이거나 억압적인 말에 더 민감하게 반응해서 반항적으로 행동하게 돼요.

그래도 학교, 친구들 사이에서는 긴장감이 있다 보니 조절을 할 수 있어요. 유독 가정 내에서 더 부딪치는 이유는 그동안 꾹꾹 눌러뒀던 감정들이 더해지기 때문이에요. 〈사춘기 자존감 수업〉의 저자 안정희 작가님도 '아동기까지는 겉으로 드러나지 않던 문제들이 밖으로 쏟아져 나오는 때가 바로 사춘기이며 관계적인 측면에서 본다면 사춘기는 위기라고 볼 수 있다'라고 말해요. 아이도 판단력이 미숙한 상태이고 정서적으로 충동적이며, 쌓여있던 감정들까지 더해져 행동했을 때 주변의 반응에 따라 형성한 자신의 정체감이 성인기까지 이어집니다. 또다시 억압과 무시, 수치심, 폭력을 경험할 수 있는 확률이 높기에 위기이기도 하지만 뒤집어 보면 기회이 기도 해요.

부모님께 알려드릴 한 가지가 더 있어요. 위기 촉발의 순간은 제어가 안 될 정도로 충동적이었지만, 아이들도 시간이 조금 지나면 깨달아요. 자신의 행동이 옳지 못했다는 것을요. 그래서 부모님이 마음을 단단히 먹고 먼저 준비하는 것이 필요해요. 혹시나 아이들이 굉장히 까칠하고 버릇없는 말을 하거나 행동을 하면 알아차리셔야 해요.

'아, 일부러 그러는 게 아니야. 아이의 뇌가 오작동한 거야. 지금 침착하게 대응해 주면 돼. 지금이 기회야.'

그 상황에서 스스로 마음의 중심을 잡을 수 있게 도와주는 문장을 미리 만들어 두세요. 위급 상황에 그 문장을 발휘해서 감정을 조절할 수 있습니다. 부모님이 먼저 합리적인 판단을 하고 감정을 조절하는 모습을 보여주면 아이도 이 상황을 알아차리고 스스로 판단하고 선택할 수 있는 좋은 모델이 됩니다. 또한, 자신이 부모님에게 실수했는데도 자기 마음을 이해해 주고 너그러이 품어 주신다는 것을 알면 그로써 자신이 존중받고 있음을 느낍니다. 원래 자존감은 실수, 실패했을 때 받는 지지와 용기로 가장 크게 올라간답니다.

　이제는 아이들이 주제에 안 맞는 이야기를 해도, 저의 가슴을 후벼 파는 비수를 날려도, 동요하지 않을 수 있어요. 지금, 진짜 필요한 것이 무엇인지 아니까요.

사춘기는
타이밍이다

Q. 아이의 행동에 상처받아서
제가 병나게 생겼어요.

스마트폰 게임을 좋아하는 11살 둘째가 원하는 목표를 이루려고 몇 번을 도전했는데 끝끝내 안 되던 일이 있었어요. 조금 전까지만 해도 깔깔대며 웃던 아이가 말이 없어지고 표정이 어두워져서 마음이 쓰여 잘 안됐느냐고 한마디 건넸죠. 나름 조심스럽게 물었는데도 저에게 화를 내며 방으로 휙 들어가 버리더라고요. '쾅' 하고 문 닫히는 소리까지 쐐기를 콱 박아 버리죠. 아이의 행동이 어이없었지만, 다행히 화가 난 상황을 알고 있어서 저도 맞받아치지 않고 이성적인 제어가 되긴 했어요. 하지만 아이의 날카로운 행동에 부모도 상처를 받아요. 부모도 사람이니까요.

마음이 심히 출렁거렸어요. 속에서 부글부글한 것이 가슴 언저리까지 올라와 언제 입 밖으로 튀어나올지 모르니 얼른 일할 채비를 하고, 짐을 챙겨 나와 산책 겸 무작정 걷기 시작했어요. 에스키모인이 화를 푸는 방법은 걷는 것이라는 글이 떠올랐거든요.

에스키모인은 마음에 올라온 화가 풀릴 때까지 걷다가 풀리면 막대기로 표시를 하고 돌아가요. 돌아가면서 왜 그토록 화가 났었는지 분노의 이유를 돌이켜 봅니다. 다른 사람에게 화를 푸는 것이 아니라 가라앉을 때까지 기다렸다가 왜 그런 일이 일어났는지 이해하는 시간을 가집니다. 또, 표시해 둔 막대기로 예전보다는 화가 덜 났는지 더 났는지도 알 수 있고 마음이 성장하고 있음에 감사까지 느낄 수 있대요.

이 글이 생각난 것에 감사하며 얼른 현관문을 닫고 나왔어요. 동네에 여러 카페가 있지만, 그중에 제가 찜해 둔 저만의 아지트 같은 곳이 있어요. 운동화로 바닥을 탕탕 치며, 그곳으로 간다는 생각만으로도 아까보다 기분이 좋아져요.

아지트 카페는 2층이고, 손님이 그리 많지 않아요. 에메랄드빛 푸른 다이아몬드 로고 덕분인지 이곳에 오면 왠지 마음이 정화돼요. 오늘은 지금 제 마음 빛깔과 닮은 빨간 빛 로즈힙 차로 손이 가네요. 앵두색 같은 예쁜 빨간색에 미소가 지어지고, 티라이트까지 켜져서 따뜻한 차의 달콤함에 마음이 풀어집니다.

집을 나온 지 30여 분쯤 지나 마음을 돌보고, 이제 막 일을 시작하려는데 둘째에게 전화가 왔어요.

"엄마, 아까 미안해요. 너무 속상해서 그랬어요."

"아까 그런 것 같더라. 딸이 전화해 줘서 놀랐네. 엄마도 이제 괜찮아. 우리 딸 속상해서 어떡해!"

요동치는 감정에서 편안한 자신으로 돌아오는 시간이 점점 빨라지고 있음에 안도하며 전화를 끊었어요. 이번에는 딱 30분 걸렸더라고요.

지금 필요한 건?
부모님의 감정 조절!

뇌가 크는 중이라 자기도 감정 조절이 잘 안되어서 저리 날뛰는 건데, 아이도 저도 생채기만 서로 내는 거잖아요. 누군가한 명이 멈춰야 하는 거죠. 잠시 멈추고, 중요한 것을 배우고 갈 수 있는 이 타이밍을 잡아야 해요. 아직까지는 이것이 부모의 몫이에요.

아이들도 자신의 행동이 잘못되었다는 것을 알아요. 다만, 그때는 활화산처럼 솟아올랐던 감정들이 가라앉은 후라는 거죠. 상담실에서 아이들과 이야기를 나누다 보면 자기도 그 순간 참고 싶었는데 안 되니까 힘들대요. 학교에서 친구들과 싸우고, 선생님에게는 대들고, 부모님에게 폭발하고, 심지어 물건을 훔치거나 담배를 피우는 등의 금지 행동까지도요. 지난 후에 자기도 잘못한 것을 알고, 창피함을 느껴요. 아이도 자존심이 있으니까 먼저 죄송하다고 말할 용기가 아직 부족해요. 그 순간, 함께 휘몰아치는 것이 아니라 아이들이 감정을 조절하면서 자기와 우리에게 좋은 행동을 선택하는 힘을 키워줘야 해요.

또 한 가지 문제는 부모님도 머리로는 아는데 실천이 안된다는 거예요. 우리도 잘해 주고 싶은데, 그 상황에서 제어가 안 되니 답답하고 미칠 노릇이라고 하세요. 몇 번을 참다가도 한 번 부딪치면 공든 탑이 와르르 무너지듯 다 소용없어지는 것 같으시대요. 알죠. 수많은 육아서와 전문가 강의 등에서 듣고 다짐해도, 눈앞에서 벌어지는 아이와의 실전에서는 그게 잘 안된다는 것을요.

이제부턴 사춘기의 관건, 부모님의 마음 이야기예요.

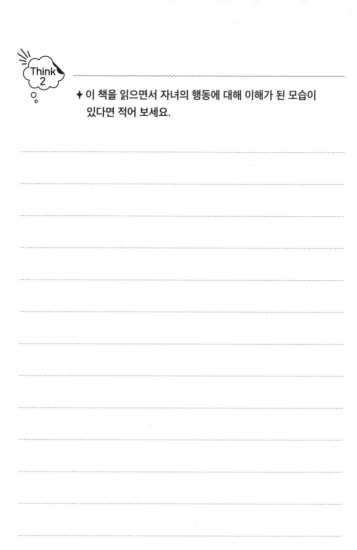

Think 2

✦ 이 책을 읽으면서 자녀의 행동에 대해 이해가 된 모습이
있다면 적어 보세요.

소소하게 전하는 사랑 메시지

부모의 사랑을 대단한 것으로만 주어야 하는 건 아니에요. 작고 소소한 표현에서도 사랑을 표현할 수 있답니다. 내가 잘할 수 있는 방식으로 선택해서 꾸준히 알려주세요. 저는 첫째에게 초등학교 2학년 때부터 6학년까지 매일 아침 수저통과 물통에 짧은 글을 써서 붙여 보냈어요. 딸은 바쁜 점심시간이지만 휘리릭이라도 매일 읽어줬어요. 딸이 잘한 일은 인정해 주고, 미안한 일은 사과하고, 이렇게 마음을 전해요. 아이가 기대하는 일이 있다면 응원을 전달합니다. 얼굴 보고 전해도 좋지만, 글로 전하는 우리만의 암호 같은 추억이랄까요?

둘째 딸에게는 도시락 편지를 써줬어요. 음식에도 소신이 강한 아이라 도시락을 싸야 했답니다. 2학년 마치기 얼마 전, 학교 다녀온 딸이 싱크대 위에 올려놓은 도시락을 보고는 깜짝 놀랐어요.

'나도 엄마 사랑해.'

난독증이 있어 글씨 배우기가 또래보다 늦었던 딸이 처음으로 달아 준 답글이었어요. 학교에서 저 글을 썼을 생각 하니 가슴이 뭉클하더라고요. 또, 정말 고마웠고요. 저도 잊지 못할 순간을 선물 받았어요.

어느 40대 여성분은 발톱을 깎을 때마다 돌아가신 친정 아버지 생각이 난대요. 아버지께서 대학교 때까지 발톱을 깎아주셨대요. 그때는 잘 몰랐는데, 아버지가 자신을 얼마나 사랑하고 아껴주었는지를 떠오르게 해 주는 소중한 선물이 되었대요.

우리 딸들도 훗날 제가 먼저 이 세상을 떠나더라도, 작은 쪽지에 보내줬던 엄마의 사랑을 가슴에 품고 씩씩하고 당당하게 살아가리라 믿습니다. 여러분도 소소하지만, 꾸준히 아이에게 해 주고 싶은 일을 정해서 실천해 보세요. 여러분이 나답게 잘할 수 있는 작은 일을 찾아보세요!

✦ 아이에게 전하고 싶은 소소한 사랑 표현 방법을 적어 보세요.

부모마음이 흔들릴 때 볼 영화

<흐르는 강물처럼> 로버트 레드포드 감독, 1992

아버지와 어머니, 두 아들의 인생 이야기예요. 엄격한 목사인 아버지는 두 아들에게 사랑과 자연을 선물했다고 생각했지만, 서로 솔직한 모습을 나눌 수 없었던 가족은 아픔을 겪게 됩니다. 완벽하게 한 사람을 이해하고 사랑한다는 것이 무엇인지 생각해 보게 합니다.

<인사이드 아웃> 피트 닥터 감독, 2015

눈에 보이지 않는 마음속 감정들이 어떻게 작용하고 있는지 이해하기 쉽게 캐릭터로 만든 영화예요. 사춘기가 되면 감정의 기복이 커지고, 특히, 충동적인 모습들로 인해 갈등이 생길 때도 많아요. 감정들과 친해지고, 자녀를 이해하면서 부모님의 동심도 만나 볼 수 있답니다.

<인생은 아름다워> 로베르토 베니니 감독, 1997

유대인 수용소에서 8살 아들을 지켜내고자 하는 아버지의 진정한 사랑과 헌신에 대한 이야기입니다. 신체뿐만 아니라 아들의 정신과

영혼이 상처 입지 않도록 어떤 상황에서도 웃음을 잃지 않고 삶을 마주합니다. 아들의 가슴 깊이 새겨 준 인생 최고의 선물을 만나보세요.

<작은 아씨들> 그레타 거윅 감독, 2019

루이자 메이 올컷의 고전 소설을 영화화한 작품으로 이미 익숙한 내용이지만 엄마의 모습이 꽤 인상적이었어요. 달라도 너무 다른 네 자매를 키우면서도 중심을 잡고 가는 엄마가 딸들에게 건네는 따뜻한 말과 표정을 닮고 싶었습니다.

<원더> 스티븐 크보스키 감독, 2017

남들과 다른 외모로 태어난 '어기'가 10년 만에 헬멧을 벗고 낯선 세상에 발을 내디뎠어요. 사람들의 편견과 비상식적인 행동들로 상처를 받지만, 현명한 가족의 응원과 27번의 수술을 견뎌낸 자신의 힘으로 세상에 안착해요. 어떤 상황에서도 자녀의 안전기지가 되어 주는 과정을 배울 수 있어요.

<벌새> 김보라 감독, 2018

1994년, 중학생이었던 '은희'의 이야기로 부모님의 사춘기를 되돌아보게 만들어 줄 영화입니다. 자기가 어떤 사람인지 알고 싶었지만, 현실은 너무도 암울했어요. 그럼에도 한 사람으로 자기를 만나게 됩니다. 진심으로 나를 보아주는 한 사람의 힘을 경험해 보세요.

사춘기,
부모도 성장 중

나도 화 안 내고
싶은데

Q. 아이도 아이지만 저도 문제예요.
   아이 얼굴만 봐도 화가 나요. 왜 그럴까요?

  부모로서 아이에게 인자하고 근엄하게 훈육하고 싶죠. 훈
육이라고 하면서 화내고, 소리 지르고 안 좋은 이야기만 하게
되니 마음이 안 좋으셨을 것 같아요. 더구나 사춘기가 되면서
아이의 눈빛이 무서워지고 충돌만 하게 되니, 이제는 방법을
바꿔야 합니다. 어떻게 하면 화나는 내 마음을 돌볼 수 있을
까요? 우리 마음에 따듯한 옷을 입혀준다는 생각으로 첫 번
째 단추를 끼워 볼게요.

부모님 자신을 먼저 이해하기
타임머신을 타고, 우리의 어린 시절로 돌아가 볼까요? 대한

민국의 분위기가 어떠했나요? 역사적으로 100년 사이에 일제강점기, 남북 분단, 고도성장 등의 굴곡 있는 시간을 겪었어요. 먹고 사는 일이 먼저였고 개인보다도 나라와 사회, 가정을 위해 희생하고 헌신하는 것이 당연하던 시기였습니다. 잘못이나 실수가 있으면 무섭게 화를 내고, 매를 들고, 수치심을 주며 채찍질을 했어요. 심지어 한겨울에도 옷을 다 벗겨서 밖에서 벌세우는 것이 아무렇지 않았을 정도였으니까요. 또, 가정마다 남들에게는 알려지지 않은 속사정이 존재했습니다. 그 과정에서 받은 마음의 상처들이 오롯이 남아있죠.

학교는 달랐나요? 학교 규칙은 무조건 따라야 했고, 선생님들이 때리고, 무시하고, 창피를 줘도 아무도 제지할 수 없었어요. 마음을 읽어주고 스스로 성장하도록 기다려 줄 여유가 없었습니다. 아동의 인권을 존중해 줄 생각조차 하지 못했죠. 아동인권이란 것도 90년대 후반에야 알려졌어요. 학교 체벌 금지법도 2010년대 이후에 생겼고요.

이런 경험 속에 자란 우리도 부모가 되어 이제는 먹고 살 여유가 있음에도 불구하고 예전과 같은 방식을 쓰고 있습니다. 정확하게 말하면 어떻게 해야 좋은지 책과 강의, 전문가들을 통해 머리로는 알고 있어도 가슴이 말을 듣지 않습니다. 가슴이 제 뜻대로 따라주지 않는 이유가 있어요. 다음 장, 마음의 원리에서 알려드릴게요.

지식이 알려주는 대로 참아도 보고, 참고도 해 보지만 결국 더 크게 터져버리는 현실 앞에서 도무지 어떻게 해야 할지 모를 때가 있습니다. 특히 요즘 아이들은 물질적으로도 여유로워졌고, 학교에서 인권교육을 받고 자라요. 부모에게 폭력을 당하면 경찰에 신고하라고 배웁니다. 코로나로 인해 훅 당겨진 미래의 세상이 코앞이지만 어떻게 교육해야 할지 더 혼란스러워요. 디지털 원주민이라 불리는 아이들에게 디지털 이주민인 부모로서 무엇이 맞는지도 모르겠습니다.

앞의 글을 읽으면서 어떤 생각이 드셨나요? '나만 나쁘고, 잘못되어서 화를 내는 것이 아니구나.'라고 생각하셨나요? 네, 맞습니다. 여러분이 나쁘고, 모자라고, 부족한 부모인 것이 아니라 사회적인 분위기와 경험에 영향받은 거라고 자신을 먼저 이해해 주세요. 또한, 아이가 문제인 것이 아니라 나 자신에게 이유가 있을 수 있다고 생각해 보는 거죠.

요즘에 어떨 때 화가 나는지 떠올려 보세요. 일단은 생각나는 대로 적어 보는 거예요. 부모님 마음에도 쌓인 이야기들이 많이 있으니까요. 막연히 마음으로 생각만 하는 것보다 그림을 그리거나 글로 쓰면 조금 거리를 두고 객관적으로 볼 수 있답니다.

Think
3

✦ 요즘, 내가 화가 났던 상황들을 생각나는 대로 적어 보세요.

화를 참기 어려운 이유

Q. 참다 참다 결국 화내고는 후회하는 나,
   저는 어른인데도 왜 감정 조절이 안 될까요?

훈육에 있어 일관성이 가장 중요하죠. 그래야 혼을 내는 상황에서 아이도 혼란스럽지 않고 부모님의 말이나 행동을 신뢰할 수 있어요. 사춘기 자녀의 부모님에게는 위기 상황이 예고 없이 찾아올 때가 있어요. 온라인 게임을 하고 있다가 정해진 시간이 다 되었거나 한참 지나서 그만하도록 종용할 때예요. 부모님도 기분이 좋을 때는 눈 딱 감고 선심 쓰듯 봐주다가 마음이 편하지 않을 때는 그만하라고 날 선 말을 하게 됩니다. 하지만, 이제는 참고 있을 아이들이 아니에요. 게임에 몰두하면서 승부욕에 불타기도 하고, 뜻대로 되지 않아서 열받는 중일 수도 있어요.

"야, 이제 그만해. 약속한 시간 다 됐잖아. 언제까지 잡고 있을 거야."

"조금만 더 하고 끈다고. 다른 애들 다 하는데 왜 나만 못 하게 해. 지도 약속 딱딱 안 지키면서."

아이도 기분이 건드려지면 예의를 따져 생각할 틈도 없이 말이 툭 나와 버려요. 날 것 그대로인 아이의 말에 부모님은 더 화가 나서 큰 소리로 이어지게 되죠.

사춘기 아이들은 뇌의 종합적 사고력을 담당하는 전두엽이 발달 중이라서 정서 반응을 담당하는 변연계가 앞서 나오기 쉽다고 알려드렸어요. 자신을 무시하는 느낌이 들고 기분까지 상한 데다가 과거의 경험들까지 쌓여있으면 빛의 속도로 반응이 나오죠. 아이들은 상황이 그럴 수 있다고 쳐요. 하지만, 종합적 사고력을 담당하는 전두엽이 충분히 발달한 부모님은 어떤가요? 자라는 중인 거 뻔히 알면서, 오히려 배워갈 수 있도록 해야 하는데도 아이에게 화내고, 소리 지르고, 미워하는 마음 티를 팍팍 내게 돼요. 나도 내 마음을 조절하고 싶은데 부모면서도 마음도 뜻대로 못해서 자책하고, 후회해도 쳇바퀴 같은 상황이 또 암담하고, 막막해요. 부모님에게도 아이와 마찬가지로 이유가 있어요. 부모님 마음에 쌓인 것들이 많아서 그래요. 뭐가 쌓였냐고요? 살면서 공감받지 못하고 해소하지 못해서 쌓인 감정과 욕구들이요. 그까짓 거 누르고 참으면 되는 건 줄 알았는데, 왜 지금도 힘들게 하는 건지 이해가 안 되실 거예요.

마음의 미해결 과제를 돌보세요

두 번째 단추를 끼워 봐요. 마음의 원리를 알려드릴게요. 초, 중, 고등학교까지 12년 동안 열심히 배우러 다닌 학교에서도 알려주지 않은 마음의 원리예요. 수소, 산소, 이산화탄소의 특징, 피타고라스의 정리, 미적분도 중요하지만, 평생 함께해야 할 내 마음은 정작 어떻게 작동되는지 몰랐어요.

우리는 평상시에 아무렇지 않다가도 마음속에서 욕구가 생기고 감정이 작은 공처럼 올라와요. 배가 고프면 먹고 싶고, 목이 마르면 물을 마시고 싶죠. 다른 사람에게 존중받고 싶은데 무시당하면 창피하고 수치스럽고 화가 나기도 해요. 성과를 통해 인정받을 때 뿌듯함과 자랑스러움을 느껴요. 이렇듯 나의 신체와 정신에서 생기는 욕구는 외부적인 상황과의 상호작용 속에서 감정으로 표현을 해요. 마음이 알려주는 신호를 알아차리고, 환경에서 에너지를 쓰고, 행동을 통해 해소되면 '미션 클리어'처럼 사라져요.

하지만, 삶이 녹록하지 않죠. 나 혼자 사는 세상도 아니고. 어린 시절에는 부모님이나 어른들에게 따라야 할 때가 많아요. 그러다 보니 마음에 올라왔던 감정과 욕구를 참아버리고,

회피하고, 눈 질끈 감고 눌러 버려요. 그러면 될 줄 알았는데 마음은 다 간직하고 있어요. 상처 혹은 미해결 과제로 처리된 그 작은 공들이 눈덩이처럼 쌓여 가요. 하지만 마음의 원리를 모르면 언젠가 봐줄 거라는 심정으로 기다리는 그 공들을 끝내 알 수가 없어요.

어렸을 때뿐만 아니라 요즘에도 마음에 쌓이는 일들 많잖아요. 깔끔히 해소되지 않은 일들은 마음에 남아서 누군가를 공격하는 힘이 될 수도 있어요. 다른 사람을 볼 때, '저렇게까지 화날 일인가? 진짜 이해가 안 되네.' 할 때 있죠. 나도 마찬가지로 내가 왜 이러는지 모르겠다 싶을 때가 있어요. 눈에 넣어도 아프지 않을 사랑하는 아이에게 왜 그리 다그치고, 차갑게 말하는지 모를 때 있죠. 그때 미해결 과제가 올라왔다고 볼 수 있어요. 예를 들어, 친정 부모님이 공부를 잘해야 한다고 강압적이셨거나 잘해도 칭찬 한 번 못 받고 혼이 날까 불안했었다면 그런 것들이 지금도 이어질 수 있어요. 예전에 해결되지 않은 감정과 욕구들이 겹쳐지면서 현재 상황에 맞는 판단과 행동을 하기가 어려워진답니다.

상담할 때 현재 관계로 힘든 이야기를 시작하지만, 찬찬히 살펴보면 어린 시절과 지난 경험 중에서 오버랩되는 지점을 찾을 수 있어요. 그 지점에서 느꼈던 아픔, 불안, 슬픔, 분노 등을 공감하고 그때의 나를 토닥여주고 흘려보내면 마음이 가벼워진답니다. 마음이 온전히 존중받는 과정이 힘이 되고, 지금 여기로 돌아와서 스스로 좋은 방법을 찾고 선택을 하게 되죠. 자연스럽게 우리 아이들도 있는 그대로 볼 수 있겠죠. 이제 찬찬히, 여러분의 마음을 들여다보아요.

Think 4

✦ 내 마음이 공감받지 못했거나, 원했지만 할 수 없었던 미해결 과제들이 있나요? 떠오르는 대로 적어 보세요.

공감은 하는데 표현하는 건
왜 이리 어렵죠

Q. 아이 마음에 공감해주라고 하는데
  도대체 어떻게 하라는 건지 모르겠어요.
  맨날 영혼 없이 "그랬구나, ~구나."만 하게 돼요.

세 번째 단추를 끼워 볼게요. 화가 날 때, 스스로 마음을 돌보는 방법으로 마음의 번역기를 써 보세요. 단순히 '화'라고만 보는 것이 아니라 진짜 내 마음에 어떤 단어들이 올라왔는지 살펴보는 거예요. 바로, 감정 단어를 읽는 겁니다. 감정 단어는 눈에 보이지 않는 마음의 신호이자, 시각화예요. 강아지가 짖는 소리를 듣고 번역해 주는 기계처럼, 마음을 읽어주는 번역기라고 할 수 있어요.

우리나라는 우는 것을 약한 것으로 생각해서 울지 말라고 하거나, 속상하거나 짜증 내는 모습을 보이면 부정적인 평

욕구불만족

괘씸하다 괴롭다 난처하다
막막하다 못마땅하다 무기력하다
미치겠다 민망하다 밉다
바보 같다 부끄럽다 분하다 불안하다
불쾌하다 서글프다 서운하다
신경질 난다 실망스럽다 싫다
쓸쓸하다 야속하다 얄밉다
어렵다 어이없다 억울하다
외롭다 울고 싶다 울적하다
원망스럽다 절망적이다
주눅 든다 지겹다 지루하다
짜증 난다 처절하다 초조하다
허탈하다 후회한다 힘들다

욕구만족

감격스럽다 감동적이다
감사하다 고맙다 기분 좋다
기쁘다 담담하다 든든하다
들뜨다 만족하다 멋있다
뭉클하다 반갑다 보람 있다
뿌듯하다 사랑스럽다 설렌다
수고했다 시원하다 신바람 나다
아늑하다 위안된다 자랑스럽다
잘했다 재미있다 즐겁다
충만하다 통쾌하다 평안하다
평화롭다 포근하다 행복하다
홀가분하다 황홀하다 후련하다
흐뭇하다

가를 주고 혼을 냈어요. 감정은 마음의 목소리예요. 감정표현에 가치를 매기고 평가하면 부자연스러운 흐름이 형성됩니다. 내 마음에 올라온 감정을 억압하거나 회피하며 참거나 다른 모습으로 보이려 애를 쓰게 됩니다. 느끼는 그대로 감정을 수용해 주세요. '짜증 났구나, 억울했구나, 들뜨는구나, 설레는구나, 화가 났구나' 이것이 바로 공감이에요. 감정을 공감받으면 나의 존재 자체로 괜찮다고 느끼고, 이때 자존감이 올라가게 돼요. 욕구가 만족 되었을 때와 욕구가 불만족 되었을 때를 알려주는 감정을 있는 그대로 바라봐 주세요.

감정에 정확하게
이름 붙이기

'화'는 보통 '2차 감정'으로 표현될 때가 많아요. 화가 난 감정 뿐만 아니라 여러 감정이 얽히고설켜서 표현된다는 뜻입니다. 화를 참고 안 내려 해도 결국에는 더 크게 터지게 되죠. 화 속의 진짜 감정들을 알아주어야 마음이 가벼워져요.

저는 초등학교 5학년인 자녀가 온라인 수업을 제대로 하지 않고 대충할 때 욱하고 올라와요. 그때 느끼는 감정 단어로 '괘씸하다, 못마땅하다, 지겹다, 야속하다, 초조하다' 등을 찾았어요. 온라인 수업을 제대로 하지 않으면 담임선생님에게 연락이 오고 결국 내 몫이 되는데 제대로 움직이지 않는 아이를 보면서 속이 터지고 화가 나는 거죠. 그 마음의 감정 단어를 찾아서 내 마음부터 공감해 주세요. 상황을 객관적으로 적고, 감정 단어로 진짜 마음을 읽으면서 나 자신을 토닥이며 공감하는 거예요.

아이에게도 감정 단어를 활용하면 효과가 좋아요. 특히 사춘기 아이들 마음이 이해 안 될 때 감정 단어를 들여다보면 아이 마음이 읽혀요. 아이에게 화를 내서 사과해야 할 때, 아이가 힘들어하는데 어떻게 해야 할지 모를 때, 그 상황 속 아이의 마음을 떠올려 보고, 감정 단어로 말해주세요. 자기 마음을 어떻게 알았는지 아이도 놀란답니다. 아이에게 감정 단어로 표현해 주면 마음이 훨씬 더 시원하게 풀릴 거예요.

한 어머니가 중학생 딸이 자기는 눈도 작고 코도 낮아서 마음에 안 든다고 속상해한다며 이럴 땐 어떻게 이야기해 주면 좋겠냐고 물으셨어요. 아무리 위로를 해도 달라지는 것이 없대요. 흔히들 많이 하는 위로법을 쓰셨던 거죠.

"우리 딸이 제일 예쁜데, 걱정하지 마~~"

아이들이요, 눈치가 비상해요. 엄마 눈에만 그렇게 보인다는 걸, 엄마도 빨리 이 상황 넘기려고 하는 말이라는 걸 알아요. 그래서 진짜 공감하는 말을 알려드렸어요.

"우리 딸, 외모 때문에 고민했구나. 많이 걱정하고 속상했겠는데, 엄마가 그 마음도 몰라줬네."

어머니가 공감하는 말만 해줬더니 딸이 펑펑 울더래요. 혼자 속 끓였던 마음이 다독여진 거죠. 아이가 학원 끝나고 엄마에게 전화해서 데이트 신청했다며 문자를 주셨어요. 사춘기 자녀와의 데이트는 하늘의 별 따기인 거 아시죠. 아이들도 자기 마음이 왔다 갔다 하는 걸 알지만, 그럼에도 자기를 있는 그대로 보아주는 사람에게 마음을 열고 좋은 선택을 배워간답니다.

Think
5

✦ 앞에서 아이에게 화가 나는 상황을 적은 것 중에 가장 크게
  화가 났던 장면을 적어 보세요.
✦ 그 상황에서 어떤 감정들을 느꼈는지 위의 감정 단어 목록에서
  찾아 적어 보세요.

나의 자존감이
유전된다면

Q. 부모가 행복해야 아이도 행복하다는데,
   제 자존감이 이미 바닥인데
   어떻게 행복할 수가 있나요?

"자녀가 어떻게 자라길 바라세요?"

부모교육 강의 중에 부모님들께 질문하면 비슷한 내용의
대답이 나와요. 다른 사람들에게 자기 의견도 잘 표현하고,
밝고 자신감 있게 친구들과 어울려 지내고, 자기가 원하는 일
하면서 행복하게 살았으면 좋겠다고 이야기하세요. 한마디
로 자존감이 높은 아이로 자랐으면 좋겠다고요. 그러면 다시
여쭤봐요.

"여러분의 자존감은 어떤가요?"

"보통이요."

"좋은 편이에요."

자존감이 높다고 생각하는 부모님들이 자신 있게 먼저 몇 분 대답을 해주시고, 뒤로 갈수록 작아지는 목소리로 대답하시는 분들은 대부분 자존감이 낮다고 하세요. 다가올 시대도 인성과 자존감이 중요하다고 하는데, 자기처럼 아이가 자신 없고 불행하게 살게 될까 봐 걱정된대요. 행여나 자기와 비슷한 모습이 보이면 불안하고, 자책하고, 결국은 화가 나서 아이를 다그치고, 바꾸기를 바라면서 잔소리만 많아진대요. 이 상황이 참 안타까워요. 현재의 삶이 만족스럽지 않고 심리적으로 힘든 데다가 아이 때문에도 걱정과 부담을 한 아름 지고 가는 중이실 테니까요. 또, 누구보다 열심히 하고 있는데 열 개 중에 한두 개만 못해도 '난 역시 안 돼, 왜 난 안 될까?' 생각하는 분들이니까요.

우리 잠깐 멈추고, 진짜를 알아차려 볼까요? 답이 쉽게 나오지 않고 쳇바퀴처럼 돌기만 할 때는 브레이크를 걸고, 한발 물러서서 보는 것도 필요해요. 지피지기면 백전백승이라고, 먼저 자존감이란 녀석이 어떻게 만들어지는지 알려드릴게요.

자존감이라는 프로그램의 원리

10세 미만의 나이에는 우뇌가 우세하게 자랍니다. 지금, 현재 느끼는 감정에 충실하고 눈앞에 보이는 것에 초점을 맞추며 예술적인 감각들이 살아있는 시기죠. 부모님이 현실적인 이야기를 하고 규칙과 습관을 강조해도, 잊어버리거나 꼼꼼하게 챙기지 못하는 이유가 되기도 합니다. 엄마, 아빠에게 혼나도 금세 잊는 것 같고 '엄마, 아빠 사랑해요.'라며 오히려 위로해 주는 것도 지금 여기를 살기에 가능합니다.

그러나, 10세 이후부터 좌뇌가 우세해지면서 상황은 달라집니다. 사춘기는 아이의 뇌가 리모델링 중인 시기라는 것은 이제 잘 아시죠. 자기가 누구인지 본격적으로 탐구하는 시기가 되면서 웃음도 적어지고 방에 혼자 있는 시간이 많아집니다. 그동안의 경험을 되짚어서 내가 누구인지 찾아내려 해요. 어디에서 그 소스를 얻을까요? 바로 어렸을 때 듣고 저장해 두었던 부모님, 선생님, 친척들, 친구들의 이야기와 기억에 남는 경험들로 정리를 시작합니다. 그러면서, 자신에 대한 정의를 내리고, 이것이 자존감으로 연결되기 쉬워요.

아이들의 뇌는 아직 객관적으로 판단하기 어렵기에 어릴 때 주변 사람들에게 평가받은 대로 자신을 봅니다. 뇌가 종합적 판단을 내릴 수 있는 20대 초·중반 이후에는 자신을 온전히 바라보고 판단할 수 있지만, 20여 년간 형성된 내면의 프로그래밍으로 나 자신을 바라보는 것에 이미 익숙해졌어요. 이때 나에 대해 형성된 믿음이 100% 객관적이고, 사실일까요? 이 질문을 드리면 하나같이 고개를 저으셨어요.

부모가 되어보니 부모님의 마음이 이해되는 부분도 있어요. 아이를 키우고, 가장으로 산다는 것이 얼마나 큰 책임감과 부담을 갖게 되는지를요. 우리 부모님 세대는 더 많은 고생을 하셨죠. 하지만, 그때의 우리 마음은 어떠했는지도 보아야 해요. 우리 세대만 해도 먹고 사는 것이 사랑을 표현하는 것보다 중요했고 아이들은 존중의 대상이 아니라 어른이 시키는 대로 따라야만 하는 존재였어요. 지적하고 함부로 말하고 혼을 내는 것은 물론이고, 가정과 학교에서 용인된 사랑의 매는 지금 생각하면 상식의 선을 넘는 것들이 많았어요.

우리가 어른으로 성장했고 환경이 변화했음에도, 어린 시절부터 20여 년 동안 주변 사람들이 나를 대한 방식과 시선들로 나를 대하고 있지 않나요? 자존감이 낮다고 생각한다면 나를 다시 제대로 보는 것이 필요해요. 자존감을 높이려고 멋있는 곳에 가서 힐링하고, 명품을 사고, 겉을 멋지게 꾸며도 나를 이해할 수 없는 상태에서는 꿈쩍도 하지 않아요.

자, 여기까지 잘 알아차리셨어요. 앞장의 마음 원리에서 마음에 쌓인 미해결 과제들의 감정과 욕구가 지금 여기에 올라온다고 알려드렸어요. 또, 어린 시절부터 성장기까지 나에게 주어진 주변의 반응들로 형성된 나에 대한 믿음과 자존감은 지금까지 영향을 받고 있다는 것까지 알았어요.

여기에서 당신은 어떤 선택을 하고 싶나요? 선택권은 당신에게 있습니다!

✦ 여러분의 자존감은 어떠한가요?
✦ 나의 성격이 자녀에게 어떤 영향을 주고 있는 것 같나요?

부모의 두려움 에너지가
문제다

Q. 저도 아이에게 하고 싶은 거 하라고 말하는
　 너그러운 부모가 되고 싶지만,
　 그랬다가 우리 아이만 뒤처질까 불안해요.

　세상에는 수천수만의 것들이 존재해요. 전 세계 79억 명
의 사람들, 거대한 고층 빌딩, 자동차, 집, 가구, 옷, 신발 등 돈
으로 사고 얻을 수 있는 것들이 있죠. 또 눈에 보이지 않는데
도 와이파이와 데이터만 있으면 인터넷으로 연결된 전 세계
모든 사람의 이야기를 찾고, 보고, 만나고, 들을 수 있어요. 그
렇다면 눈에 보이는 것만이 다일까요? 우리 눈에 보이지 않
아서 그 크기를 가늠할 수조차 없을 정도인 것은 어떨까요?
〈자존감, 효능감을 만드는 버츄프로젝트 수업〉 책의 저자인
권영애 선생님은 무의식에 대한 정의를 이렇게 내렸어요.

의식이 우리 삶에 미치는 영향을 1퍼센트(작은 나)라고 한다면 28만 배의 데이터가 저장되어 있는 무의식은 99퍼센트(큰 나)다. 나를 움직이는 보이지 않는 동력, 99퍼센트의 무의식은 내가 말한 것을 토씨 하나 빼놓지 않고, 호흡까지 다 저장하고 있다. 또 내가 경험하는 오감의 느낌을 하루도 빼놓지 않고 다 저장하고 있다. 내가 아는 의식이 다 잊어버린 순간의 느낌, 기억을 다 저장하고 있다.

- 자존감, 효능감을 만드는 버츄프로젝트 수업(권영애 저, 아름다운사람들) 중에서

우리는 서로의 얼굴, 모습, 행동 등 겉모습만을 보고 생각하고 판단하지만, 그 이면에 이 모든 것을 움직이게 하는 무의식이 존재한다는 거예요. 1:10의 비율도 아니고, 1:99나 되는 거대한 세계가 있어요. 한 사람은 그 안에 태어날 때부터 가지고 있는 기질, 성격 유형, 내면의 힘이 있고 주변 환경과의 상호작용 속에서 경험한 크고 작은 에피소드들, 그때 느낀 감각과 감정들이 어우러져 있는 신비로운 존재예요. 그래서 한 사람을 소우주라고 부를 만하죠.

그런데 우리는 잘 모르고 바쁘다는 이유로 그 사람의 무의식, 내면까지 생각해 주지 못했어요. 당장에 전교 등수가 몇 등인지, 전국 몇 % 인지, 영어 토익이 몇 점인지, 어느 대학

을 나왔고, 직장은 어디인지, 결혼은 했는지, 아이는 몇 명인지, 집은 몇 평인지만 보려 해요. 주어진 현실에서 최선의 노력을 다해 얻은 결과들이 나쁘다는 말이 아니에요. 사회는 특권층이 정한 기준으로 사람의 존재를 단순히 '좋다, 나쁘다, 성공했다, 실패했다'로 평가해요. 해야만 된다는 압박으로 승자와 패자를 갈라놓고 결과적으로 모두가 두려움, 불안을 느끼게 만든다는 것에 주목해야 해요. 승자도 언제 패자가 될지 모르니까요.

권영애 선생님은 무의식 속에 두려움 에너지와 사랑 에너지가 있다고 해요. 두려움 시스템 속에서 살 때 내 에너지의 99%를 살기 위해, 불안을 해소하기 위해, 두려움을 해소하는 데 쓸 수밖에 없다고 합니다. 나머지 1%를 가지고 나도 돌보고, 관계도 맺고, 가정생활도 해야 하니 당연히 지치고 힘들겠죠. 왜 힘든지도 모르면서 온 힘을 다해 하루하루 살아온 거예요. 또, 일상에서 갑자기 감정적 스트레스 상황에 놓이면 우리 뇌는 본능적으로 두려움 에너지가 작동하면서 무의식에 저장된 과거의 경험에서 가장 비슷한 것을 선택해요. 무의식 속의 두려움과 사랑 중에 어떤 쪽이 힘을 갖고 있느냐에 따라 선택이 달라집니다. 여러분의 무의식은 어떤 쪽 에너지를 선택하고 있었나요?

두려움 에너지 인정하고
공감받기

영화 〈엔칸토: 마법의 세계〉에는 마법을 가진 마드리갈 가족의 이야기가 나와요. 알마 할머니부터 3대째 마법이 이어져 온 가족은 각자의 빼어난 능력으로 마을 사람들을 돕고, 완벽한 가족처럼 보여요. 하지만, 화려하고 축복이 넘치는 가족의 이면에는 서로 절대 꺼내지 못하는 말이 있어요.

'나의 마법이 사라지면 어떡하지? 나는 쓸모없어질 거야.'

'나는 완벽해야만 사랑받을 수 있어. 내가 원하는 걸 표현할 수 없어.'

서로 말하지 못하고 속으로 곪고 균열이 일어나던 어느 날, 가족 중 유일하게 마법을 가지지 못한 미라벨이 할머니에게 가족의 판도라 상자 같은 말을 발산해 버렸어요.

"끝까지 제가 못마땅하신 거죠? 제가 아무리 노력해도, 우리가 아무리 노력해도 할머니 눈에 루이사는 힘이 모자라고 이사벨라는 늘 완벽하지 않겠죠. 저도 그렇고 우린 이 가족을 사랑해요. 가족을 생각하지 않는 건 할머니라고요!"

위태롭던 신뢰처럼 집까지 무너지면서 할머니도 그제야 자신의 속마음을 꺼내 놓아요.

"난 기적을 받았다. 두 번째 기회란 기적. 그걸 잃을까 봐 너무 두려워서 누굴 위한 기적이었는지 잊어버리고 말았지."

가족 모두 위험했던 순간에서 남편을 잃은 대신 기적처럼 받았던 마법을 다시 잃게 될까 두려웠던 할머니. 할머니는 누구의 도움도 받지 않고 혼자서 꿋꿋이 가족을 지키고, 마을을 살려내며 완벽하고 강인해야 한다는 부담을 지고 살아왔어요. 다시 모두가 위험에 처하지 않도록 두려움 역시 늘 함께해 왔죠. 그러느라 가족들과 마음을 나누고 서로를 진정으로 보살펴 주지 못했어요. 누구보다 외롭고 불안했던 할머니도 자신의 솔직한 마음을 그대로 인정하고 보여줬을 때 미라벨에게 위로와 공감을 받게 돼요. 이제 할머니만의 마드리갈이 아닌, 가족 모두 진심으로 서로를 위하면서도 자신의 존재를 인정하며 행복하게 살 수 있게 됩니다. 두려울 땐 그 마음을 나누며 풀고, 사랑 에너지를 택해서 희망으로 어려움을 해결해 갈 수 있어요.

여러분도 인생에서 두려워하는 것이 있나요? 삶의 순간순간 두려움 에너지를 선택하게 될 때가 있나요? 오히려 그 선택이 나와 옆 사람, 특히 아이들과의 관계를 멀어지게 하진 않나요? 삶이란 온통 개인적 선택과 결정의 연속이며, 아직 아무도 가 보지 않은 길이예요. 과거와 지금, 내가 달라졌듯이 결과는 아무도 몰라요. 이것을 받아들일 수 있을 때 우리는 자유로워질 거예요.

✦ 부모로서 아이들을 생각할 때, 두렵고 불안한 것은
무엇인가요? 떠오르는 대로 적어 보세요.

내면 아이
리셋하기

Q. 어릴 때 사랑을 못 받은 것 때문에
   지금도 불행할 때가 많아요. 하지만 그건
   내가 바꿀 수 없는 거잖아요?

　육아서, 심리 서적을 읽다 보면, 상처받은 내면 아이라고
하면서 어린 시절의 그 아이가 울고 있대요. 그래서, 아이들
에게 사랑을 주지 못한다고도 하죠. 눈에 보이지 않는 마음에
는 어떤 상처들이 남아있었던 걸까요?

　잠시 여러분의 어린 시절을 떠올려 볼까요? 어릴 때 살았
던 집 중의 한 곳을 떠올려 보고, 그때 우리 가족과 내가 어떻
게 살았었는지 생각해 보세요. 기쁘고, 행복했던 순간들도 있
고 속상하고, 무섭고, 슬펐던 장면들도 있을 거예요. 그중에
부모·형제·자매·친척들과의 관계에서 존중받지 못하고, 무

시당하거나 창피하고, 억울하고, 화가 났던 상황들이 있어요.

갖고 싶어서 표현해도 떼쓰지 말라고 무시 받거나, 나보다 남들을 챙길 때만 착하다고 인정받고, 내 생각을 이야기했다가는 고집불통에 버릇없는 아이로 찍혔어요. 부모님이 바빠서 친척 집에 맡겨지면 서러운 눈칫밥을 먹기도 하고, 무섭고 속상해서 울면 어디서 눈물을 보이냐며 혼내니까 맘껏 울지도 못했어요. 친구들에게 외모로 놀림 받고, 따돌림당하고, 억울한 일이 생겨도 바쁜 부모님 더 힘드실까 혼자 꾹꾹 담아왔어요. 경제적으로 여유 있었지만, 내 뜻대로 할 수 있는 것은 없었어요. 부모님 뜻에만 맞추고, 힘들다는 투정조차 입 밖에 낼 수 없었어요. 부모님의 폭력에도 어디 가서 한마디 말도 할 수 없었어요. 결국 내 얼굴에 침 뱉기 같아서요.

그 시절의 나를 떠올리면 어떤 기분이 드세요? 감정 단어 목록에서 지금 느껴지는 마음에 동그라미를 쳐보세요.

동그라미 친 감정들을 다시 읽어보세요. 저는 눈물이 고이고, 속상하고, 안타깝고, 안쓰러운 마음이 들었어요. 아직도 그 차가움이 면도날에 스치듯 쓰라린 느낌이 들어요. 이 마음을 내가 알아주고 공감해 줄 수 있어요. 어렸을 때는 아무도 몰라줬지만 이제 어른이 된 내가, 그 마음 제일 잘 아는 내가 보듬어 갈 수 있어요. 혹시 그때의 상처가 너무 깊거나 두려움, 공포심이 남아서 생각만으로도 힘든 분이 계신다면

욕구불만족	욕구만족
괘씸하다 괴롭다 난처하다	감격스럽다 감동적이다
막막하다 못마땅하다	감사하다 고맙다 기분 좋다
무기력하다 미치겠다 민망하다	기쁘다 담담하다 든든하다
밉다 바보 같다 부끄럽다	들뜨다 만족하다 멋있다
분하다 불안하다 불쾌하다	뭉클하다 반갑다 보람 있다
서글프다 서운하다 신경질 난다	뿌듯하다 사랑스럽다 설렌다
실망스럽다 싫다 쓸쓸하다	수고했다 시원하다 신바람 난다
야속하다 얄밉다 어렵다	아늑하다 위안된다 자랑스럽다
어이없다 억울하다 외롭다	잘했다 재미있다 즐겁다
울고 싶다 울적하다 원망스럽다	충만하다 통쾌하다 평안하다
절망적이다 주눅 든다 지겹다	평화롭다 포근하다 행복하다
지루하다 짜증 난다 처절하다	홀가분하다 황홀하다 후련하다
초조하다 허탈하다 후회한다	흐뭇하다
힘들다	

꼭 믿을 수 있는 상담사, 심리 전문가와의 시간으로 도움을 받으시길 추천합니다. 소중한 나를 안전하게 돌보는 것이 최우선입니다.

그 아이가 발휘한 힘을 보아요

마지막 뒷심 작업이에요. 그때의 나는 어떤 힘들을 발휘하며 버텨낼 수 있었을까요? 아이에게는 역경이라 할 수 있는 시간을 어떻게 이겨 나올 수 있었을까요? 어린아이라고 약하기만 한 존재가 아니에요. 자기가 처한 상황에서 적응하기 위해 애를 쓰고 선택한 방법들이 있어요. 부모님의 힘든 상황을 이해하며 지냈고, 가족의 명예를 지키기 위해 노력했어요. 부모님이 무서워도 꼭 참고 인내하고 용기를 냈어요. 이곳에서 더 지낼 수 없다고 생각해서 다른 곳으로 가거나 거리를 두기 위해 도전하고 기지를 발휘하기도 했죠. 지쳐있는 엄마를 위해 친절과 상냥함을 발휘했고 친구들과의 우정으로 외로움을 이겨내기도 했어요. 따돌림을 당하고 힘들었어도 학교를 끝까지 다니며 그들에게 굴복하지 않았어요. 저도 외로웠던 만큼 사람들의 아픔을 공감하면서 상담사가 되어 사람들을 돕겠다는 이상 품기와 목적의식으로 무너지지 않고 버텨 올 수 있었어요.

상처만 받은 것이 아니라 스스로 내는 힘을 빛내며, 그 상처를 기억하고 있다가 회복하려는 아이예요. 여러분은 어떤 힘을 발휘하고 빛냈는지 생각해보고, 나에게 말해 주세요. 나의 시각을 리셋하며 새롭게 만난 모습을 내면의 프로그램에 기억하고, 저장해요.

"나는 어릴 적 사람들의 소외와 무관심에 외로웠었고, 슬펐었어. 그리고, 공감, 이상 품기로 나만의 소명을 빛내 왔어. 나에게도 살기 위해 발버둥 치고, 노력하며 지켜낸 힘이 있어!"

✦ 어린 시절의 나를 떠올렸던 장면에서 어떤 마음이 들었나요?
✦ 그 아이는 어떤 힘을 발휘하며 살아왔나요?

마음속 거대한
통 비우기

Q. 스트레스를 풀고 싶은데 방법을 잘 모르겠어요.
   사람들이랑 실컷 이야기해도 그때뿐이에요.
   혼술만 느는 것 같아요.

세계적으로 유명한 소아 알레르기 학자 도리스 랩 박사는 저서 〈이 아이가 당신 아이인가요?(Is This Your Child?)〉에서 "통 효과"에 대해 이야기해요. 인생에서 받는 모든 스트레스는 하나의 거대한 내부 통으로 간주할 수 있고, 이 통이 가득 채워지지 않는 이상 우리 신체는 새로운 스트레스를 감당할 수 있어요. 하지만 우리 내부의 통이 가득 차고 나면 아주 사소하고 작은 지푸라기 하나만 더 보태도 궁지에 몰릴 수 있다고 말합니다.

부모님 마음 안에 거대한 통이 있다고 상상해 보세요. 이 안에 어느 정도의 스트레스가 채워져 있나요? 잠시 눈을 감고 상상해 보세요. 지금 내 마음의 통 안에는 스트레스가 절반 정도일 수도 있고, 아주 적을 수도 있고, 거의 가득 차서 흘러넘치기 일보 직전일 수도 있어요.

그 속에 채워져 있는 스트레스 종류는 어떤 것들이 있나요? 아이의 사춘기 반항적인 행동, 성적 고민, 진로 고민, 부부간의 불화, 대인관계 고민, 경제적 불안, 가족의 건강 등이 들어 있을 것 같아요. 살면서 누구나 겪게 되는 일상들이기도 하죠. 이 상황 자체가 스트레스로 이어진다기보다는 거기에서 느꼈던 나의 감정과 해소되지 않았던 욕구들과 어릴 적부터 형성된 나에 대한 믿음들로 인한 생각들이 섞여 있어요. 마음의 원리에서 알려드린 것처럼, 인생의 미해결 과제들이 쌓여 있습니다. 아이의 기말고사 성적이 떨어진 상황에서 이 성적으로 좋은 대학도 갈 수 없고, 내가 좋은 엄마가 아니라는 생각이 들면서 불안하고, 우울해지고, 좌절감까지 이어질 수도 있습니다. 옆집과 비교하면서 경제적으로 여유가 없는 데다가 똑 부러지게 잘 해내는 것도 없고 미래가 두렵게만 생각될 수도 있어요. 각자가 상황마다 느끼고 인지하는 것이 천차만별이라 할 정도로 다릅니다.

특히, 사춘기 자녀가 "어쩌라고?", "지도 못 하면서" 등의 다듬어지지 않은 말들과 감정적이고 충동적인 행동들을 보일 때에는 부모님만이라도 정신줄을 잡고 있어야 해요. 부딪쳐 봤자 이제 아이도 더는 뒤로 물러서지 않다 보니 서로를 할퀴는 상처로만 남을 수 있으니까요.

그렇다면 어떻게 통을 관리해 주고 비울 수 있을까요? 가장 좋은 방법은 나의 이야기를 진심으로 들어줄 수 있는 믿을 수 있는 사람과 시간을 보내는 거예요. 심리상담이 대표적이죠. 상담을 처음 신청하신 분들과 만날 때는 마음이 무거운 만큼 얼굴도 어둡고 표정이 굳어 있으세요. 단 1회 일지라도 아무에게도 하지 못했던 이야기를 꺼내어 보고, 그때의 감정을 알아차리고, 공감받고 자신을 이해하게 되면 마음이 편안해졌다고 하세요. 평생을 마음에 꼭꼭 묻어두고 꽁꽁 감춰뒀던 이야기를 흘려보낼 수 있게 되면서 가벼워지는 거죠. 참 마음이란 것이 신기하죠.

하지만, 사실 상담을 받는 것이 현실적으로 어렵거나 내 이야기를 하는 것이 부담될 때가 많아요. 스스로라도 마음을 제대로 보듬어 줄 방법을 알려 드릴게요. 우선, 나를 위한 시간을 10분이라도 확보해 보세요. 피부 관리, 손톱 관리할 때처럼 내 마음도 관리해 준다고 선택하고 시작하는 것이 효과적이랍니다. 자, 그럼 마음관리를 시작해 보아요.

나를 돌보기로 선택해요

마음속 거대한 통이 꽉 찬 것 같고 너무 무거울 때는 내가 지쳤다는 신호이기도 해요. 아이 돌봄 체제로 계속 레이더를 켜고 왔다가 과부하 걸렸다는 뜻이에요. 나를 중심에 두고 그 순간 필요한 것을 알아차리고, 제대로 챙겨주세요.

'지금 내가 뭐 때문에 화가 나지? 몸이 안 좋은가? 당 충전이 필요한가? 뜻대로 움직이지 않아서 걱정되는 건가? 다른 일에서 받은 스트레스가 올라오는 건가? 자기 마음대로 하는 아이에게 화가 나는 건가?'

화는 2차 감정이라 그 안에 여러 감정이 섞여 있어요. 몸이 지쳤다는 뜻이면 비타민을 먹고, 잠깐 쉼을 주세요. 당 충전이 필요하면 미리 챙겨놓았던 초콜릿을 한 조각 먹거나, 따뜻한 라떼 한잔, 아니면 시원한 아이스 커피 한잔을 마셔도 좋죠. 다른 일로 쌓인 스트레스이거나 아이 때문에 화가 올라왔다면 풀 방법을 찾아보세요.

이때, 화가 난 마음을 풀어낼 방법을 미리 생각해 놓으셔야 해요. 응급 상황에서는 긴장 상태라서 좋은 방법을 찾기 어렵기에 평상시에 대비 훈련을 하잖아요. 그것처럼 내가 화가 났을 때 대비하는 방법을 정해 놓으세요. 또, 아이만 집에 있어도 된다면 얼른 밖에 나가서 무작정 걷고 오거나 산책 겸 환기를 시킬 수도 있어요. 집 주변에 나만의 아지트를 한 군데 정해 놓고 그곳으로 가서 충전하는 것도 좋아요.

부모로 살면서 포기하고 내려놓아야 했던 일들이 있으셨나요? 육아를 전담하면서 일을 못 하고 경력이 단절되었던 분들, 일과 육아를 병행하며 나를 챙길 여유조차 없이 바쁘게 살아왔던 분들, 가정 경제를 책임져야 했기에 늘 마음 한편이 무거웠던 분들까지. 부모로 산다는 것은 축복이면서도 나를 내려놓아야 하는 시간이었어요. 아이들도 자신의 길을 찾아가는 것처럼 이제 부모도 다시 나의 삶을 꿈꿔 보세요. 원하던 대로 안 될 수도 있지만 내가 진짜 하고 싶었던 것이 무엇인지, 어떻게 살고 싶은지 알아차려 보세요. 그리고 지금 상황에서 어떻게 하면 좋을지 만족할 수 있는 방법도 찾아보세요. 사소하고 작은 일들부터 찾고 실행하며 물꼬가 트이면 점점 물길이 나게 되고 내 삶의 방향이 될 수 있답니다.

몸의 이야기를 듣고 건강을 챙겨주는 시간, 내 마음에 올라온 감정을 돌보는 방법, 가슴을 뛰게 만드는 욕구에 귀 기울여 주고 용기를 내는 것이 바로 마음관리예요. 우리 아이들도 소중하지만, 이 세상 누구보다 내가 제일이고 먼저예요. 몸과 마음을 챙기며 돌봐주고, 나 자신으로서 빛나는 온전한 힘을 관리하는 것이 결국 사춘기 아이들을 위한 돌봄이기도 합니다. 아이들에겐 여러분이 인생의 첫 번째 롤모델이 될 테니까요.

여러분의 돌봄 리스트에는 어떤 것들을 넣고 싶나요?

Think
9

✦ 여러분 마음의 거대한 통은 어느 정도 차 있나요?
✦ 통이 가득 찰 때 비울 수 있는 나만의 방법을 적어 보세요.

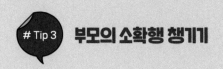

내가 무엇을 할 때 행복하고 기쁜지 알아야 해요. 저는 붙이는 네일아트로 손을 꾸밀 때 기분이 좋아져요. 또 건강 때문에 조절하고 있긴 하지만, 추운 겨울밤에는 따뜻한 믹스 커피 한잔에 맘이 설렌답니다.

　내가 행복한 순간이 언제인지도 알아두세요. 당이 떨어질 때 당으로 채워야 하듯, 부모로 있으면서 힘들고 지칠 때 내가 어떻게 해야 충전이 되는지 알고 있으면 급속 충전할 수 있답니다. 현재 상황에서 심리적 허기를 채울 수 있는 새로운 분야를 연구해 보세요. '소확행'이라는 말처럼 아주 작은 행동에서도 기쁨을 누릴 수 있답니다.

　첫째 딸의 생일은 저의 '엄마 기념일'이기도 해요. 15년 열심히 살아온 딸, 그만큼 옆에서 함께 한 저도 엄마 축하 기념해야죠. 첫째의 11살 생일부터 매년 챙겨 온 엄마 기념일 장소는 숲속 레스토랑이에요. 저는 토마토스파게티를 시켜서

맛있게 먹어요. 토마토스파게티, 원래는 절대 안 먹는데 이날은 꼭 이것만 당겨요. 신기하죠. 엄마로 살아온 저에게 수고했다고, 고생했다고 얘기해 줘요. 아직 잘 몰라서 우왕좌왕하고 후회도 하고 미안도 하고 그럼에도 버텨내서 딸들과 여기까지 왔어요. 딸들 덕분에 마음과 삶을 배웠고 사랑받고 사람이 되었어요.

부모가 된 것도 일생일대의 선택이었어요. 여러분의 선택에 대한 마음의 흐름을 정리하고 간직하고 지지해 주세요. 앞으로도 매년 있을 이 순간이 설레고 기대될 거예요.

Action
Plan
3

✦ 여러분이 기념하고 싶은 날은 언제인가요? 기념일의 명칭을 지어주세요.
✦ 그리고 나만의 소소한 행복 포인트를 찾아보세요.

부모의 치유를 돕는 마음관리

마음 챙김 명상하기

마음에 올라오는 감정과 욕구, 생각을 있는 그대로 알아차리는 시간이에요. 해야 할 일과 사람들에 치여 바쁘게 움직이다 보면 마음까지 살피기 어렵죠. 하루에 단 5분, 10분이라도 명상 시간을 일과에 넣고 꾸준히 마음을 만나보세요. 감정에 휩쓸리지 않고 지금, 여기에서 중요한 것을 캐치하는 눈이 생기고 내 안의 힘과 연결될 수 있습니다.

집단 심리프로그램 참여하기

심리 상담이 부담스럽다면 지역의 육아종합지원센터나 가족치유센터, 보건소, 도서관 등에서 진행하는 집단 심리프로그램에 참여해 보세요. 강의로 듣는 것도 좋지만, 서로의 이야기를 안전하고 신뢰감 있게 나눌 수 있는 프로그램도 좋아요. 4회기, 6회기 마음을 나누다 보면 꽁꽁 얼어있던 마음이 녹는 경험을 하게 된답니다.

리추얼 참여하기

리추얼은 매일 나를 위한 의식처럼 일정한 행동을 꾸준히 해나가는 활동이에요. '세바시'에도 소개된 밑미(meet me) 플랫폼은 20대부터 60대 이상의 다양한 세대가 리추얼을 함께하고 있어요. 지금의 내 모습을 바꾸고 싶거나 변화가 필요할 때 큰 목표보다는 작은 것부터 도전해 보세요. 내가 할 수 있는 일들로 목표를 잡고 해냄을 지지해 주면 점점 자신에 대해 관대해지고 자신감이 생겨요. 자녀들의 좋은 습관을 격려해 주고 싶을 때 부모님이 솔선수범해 보면 어떨까요?

감정일기 쓰기

하루에도 수십 가지의 감정들이 올라왔다 내려갔다 할 거예요. 그냥 스쳐 가는 것이 아니라 마음에 쌓여서 힘들게 만들기도 해요. 어항의 물 갈아주듯이 마음을 정화하는 시간으로 감정일기를 써 보세요. 매일 또는 일주일에 한 번씩, 그동안에 느꼈던 감정의 이름과 상황, 이유 등을 적다 보면 내 마음이 이해가 됩니다. '그럴 만했겠다, 얼마나 힘들었니, 당연하지!' 나를 지지해주는 목소리를 만날 거예요.

감사일기 쓰기

부정적인 마음을 긍정적으로 바꾸는 데 가장 탁월한 것은 감사 찾기입니다. 실수와 실패로 인한 두려움, 불안의 감정들을 3~4배 강하게 기억하기 때문에 일상의 편안함, 기쁨, 행복 등은 놓치기가 쉬워요. 억지로 긍정을 입력하는 것이 아니라, 이미 내 삶에 일어난 일들에 초점을 맞춰 보세요. 놓치고 있던 선물들을 받게 될 거예요. 자녀에 대한 감사를 찾았다면 감사편지로 직접 전해 주셔도 좋아요.

독서모임

혼자서는 맘먹고 책 읽기 어려운 분들 많으시죠. 그럴 때는 결이 통하는 사람들과 독서모임을 해 보세요. 좋은 책을 골라서 읽고 나누면 지식뿐만 아니라 지혜도 자라게 됩니다. 부모의 삶에는 지혜가 필요할 때가 많아요. 여러 사람의 생각들에서 힌트를 찾아보세요.

사춘기,
우리 눈 맞추기

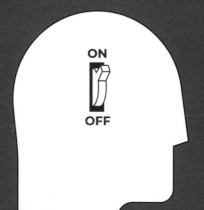

자녀를 바라보는
따듯한 시선 장착

Q. 아이를 예쁘게 보고 싶어도 자꾸 부족한 부분이
보여요. 어쩌다 칭찬해 주면 속에도 없는 말
하지 말라고 하더라고요.

여러분은 한 사람을 온전히 이해하고 받아들이라는 말을
들어보셨나요? 육아 책뿐만 아니라 마음치유, 자존감 등의
책에서도 중요하게 하는 말이에요. 있는 그대로 수용한다는
것은 잘하는 모습뿐만 아니라 취약한 부분, 실수, 실패 등도
허용하고 기다려 준다는 뜻일 거예요. 그런데 이 말이 말처럼
쉽지가 않아요. 적어도 남들에게는 목까지 올라와도 꾹 참고
속으로 '워~워~'하며 그 순간을 넘어갈 수 있어요. 이해가 안
되거나 나의 정신건강을 해칠 수 있다고 판단되면 관계를 끊
을 수도 있죠. 하지만 아이들은 그럴 수 없죠. 내가 죽이 되든

밥이 되든 아이와 함께 인생을 살아가야 하고, 서로 알게 모르게 영향을 주고받는 사이잖아요. 부모의 반응이 아이들의 자존감 형성에 있어 중요 지분을 차지한다는 것도 우린 이제 알아버렸어요.

'어떻게 하면 좋을까?' 이 질문으로 시작해 봐요. 한 사람을 온전히 바라보고 긍정의 언어를 전하기 위해서는 '따듯한 시선'이 필요해요. 말뿐만이 아니라 마음에서부터 아이를 있는 그대로 보아야 하니까요. 〈AI 세대에게 딱 맞는 자녀 교육을 세팅하라〉의 저자인 한국과학창의재단 조향숙 박사님은 미래가 아무리 바뀌어도 자녀에게 가장 필요한 것으로 이것을 꼽았어요. 부모는 아이가 자기 자신으로 살도록 이끌어 줘야 한다고 해요. 그러기 위해서는 부모님의 지지와 격려가 너무도 중요한데, 그중에서도 부모의 표정 언어가 중요하다고 합니다. 말로는 좋게 말한다고 하지만 눈빛과 표정까지도 격려할 수 있어야 해요. 사리가 나오도록 도를 닦아야 한다고 할 정도로 힘든 일이지만, 따듯한 시선을 장착하면 쉬워집니다.

발휘하고 있는 힘,
필요한 힘

따듯한 시선을 위해서는 사람을 판단하고 평가하는 대신에 빛나는 모습과 필요한 모습으로 나눠서 찾아보세요. 우리는 타인의 행동을 보고 게으르다, 이기적이다, 공부도 못한다, 덤벙댄다는 식의 평가와 판단을 쉽게 내려요. 뇌는 효율적으로 일하기 좋아하고 생략의 기능이 있기 때문이죠. 하지만 사람이 행동을 하는 순간은 기질, 성격유형, 살아온 환경, 경험 등 그 상황에서의 이유가 있어요. 이때 그 사람이 잘하거나 노력한 것과 필요한 것에 초점을 맞춰서 바라보세요.

첫째 딸이 6학년 때였어요. 3월 개학을 앞두고 새벽 6시에 일어나 보겠다고 선언을 했어요. 아침에 그대로 학교 가는 것이 아깝다며 일찍 일어나서 알차게 시간을 보내고 가겠다고 했죠. 어떻게 그런 기특한 생각을 했냐며 말을 했지만, 속으로는 '우리 딸이 과연…'이라는 마음이었어요. 3월이 되었고, 개학 날 새벽 6시에 드디어 알람이 울렸어요. 계속 울려요. 한참이 지났는데도 알람이 꺼지질 않아요. 아파트라서 이 고요한 새벽에 윗집, 앞집, 아랫집까지 소리가 들릴까 조마조마해지고 알람을 끄고 싶지만 방문을 잠그고 자는 딸의 방에까지 가는 것도 짜증이 나더라고요. 그래도 아이에게 잔소리로 들릴까, 등교 시간의 전쟁을 반복하게 될까 꾹 참고 며칠을 보냈는데요, 갑자기 이런 생각이 들었어요.

'우리 딸이 얼마나 일어나고 싶었으면 새벽 6시에 알람을 맞췄을까, 그리고 얼마나 피곤하면 알람 소리도 못 들을까?'

이 생각이 스치면서 아이에 대한 미움, 못마땅함, 짜증이 약해졌어요. 딸이 빛내고자 했던 열정과 결의, 도전하는 마음들이 기특했고 알람 소리를 들을 수 있도록 취침시간이나 알람 시간을 조정하는 것이 필요한 거죠. 자신이 한 약속을 지킬 수 있도록 책임감을 발휘하고 아이가 성취할 수 있도록 도와주는 저의 기지도 필요해요. 딸에게 거짓말하거나 억지웃음을 짓지 않고도 있는 그대로 전할 수 있었어요.

"딸아, 아침에 일어나려는 열정이 멋지다. 알람이 오래 울리면 다른 사람들에게 방해될 수 있으니까 시간을 조금 바꾸면 어떨까? 어려우면 엄마가 그 시간에 깨워줄게."

하마터면 꾹꾹 참아내다가 한 가지 실수로 폭탄을 던질 뻔했어요. 말로만 한다 하고 약속도 못 지킨다며 자존감에 스크래치 쭉 낼 뻔했죠. 그런데 이제는 아이에게도 저에게도 후회하지 않도록 잡아줄 수 있는 가이드라인이 생겼어요.

빛나고 필요한 모습을 찾을 때는 긍정언어, 아름다운 가치, 미덕 등의 단어로 찾아주세요. 감사, 관용, 인내, 끈기, 성실, 한결같음, 믿음직함, 자율, 경청, 용서, 목적의식 등의 단어들이 있어요. 단순히 예의나 미덕이 아니에요. 세계적인 인성프로그램인 버츄프로젝트에서 미덕을 의미하는 영어 단어 'Virtue'는 힘, 능력, 에너지를 의미하는 라틴어 'Virtus'에서 유래되었어요. 마음속 최상의 힘이라 할 수 있죠. 아이에게 피드백할 때 막연하게 '잘했어, 최고야, 멋있다'라고 쓰면 와 닿지 않고 불분명할 수 있어요. 미덕의 단어를 써서 행동을 구체적으로 반영해주면 상대방도 자신에게 그 힘이 있다는 것을 강력하게 저장할 수 있어요.

무엇보다 부모님도 자신을 따듯한 시선으로 보아주세요. 내가 잘한 부분이 있으면 노력했다고, 잘했다고, 인정해 주시고 아쉽거나 후회되는 것들은 필요한 모습으로 선택합니다. 이렇게 빛나고 필요한 것을 바라볼 때, 우리는 온전히 수용해 줄 수 있습니다.

55가지 내면의 힘

감사 겸손 결의 관용 관찰 공감 기지 기쁨 근면 긍정 끈기
노력 나다움 돌아봄 마음먹기 목적의식 믿음직함
받아들임 배려 분별력 봉사 비움 사랑 상냥함 소신 솔직함 신뢰
알아차림 열정 용기 용서 우의 유연성 이상품기 이해 인내 인정
자기인식 자율 재치 정돈 정직 존중 진실함 창의성 책임감 친절함
탁월함 평온함 한결같음 헌신 협동 화해 호기심 희망

✦ 아이와 나를 향한 따듯한 시선을 장착해 보세요. 위의 내면의
힘 목록을 보면서 나와 자녀에게 빛나는 힘 3가지, 필요한 힘
3가지를 찾아보세요.

부모님

자녀

자녀 마음에
호기심 갖기

Q. 아이의 행동이 이해가 안 돼요. 도대체 생각이 있긴
한 건지, 그 속에 들어가 보고 싶어요.

누군가를 깊이 안다는 것,

누군가를 깊이 알아가는 일은
바닷물을 뚫고 달의 소리를 듣는 것과 같다.

마크 네포 시인의 책 〈고요함이 들려주는 것들〉에서 '누
군가를 깊이 안다는 것'의 한 문장이에요. 이 문장을 읽고, 순
간 모든 것이 멈춘 듯했어요.
'그렇지. 나도 나를 모르는데, 다른 사람은 얼마나 더할까.

아이를 내가 다 알고 있다고, 더 많이 안다고 하는 게 오만한 거지.'

코로나 이후, 가장 핫한 검색어 중 하나가 'MBTI'였어요. 어느 예능프로그램에서 출연자들이 서로의 MBTI 검사 결과를 이야기하면서 너도나도 해보자고 퍼지게 되었죠. MB-TI(The Myers-Briggs Type Indicator)는 자기 보고식 성격유형 검사 도구예요. 검사 방법이 쉽고, 만 10세 이상이면 누구나 자신의 성격유형 결과를 바로 알 수 있어서 널리 쓰이고 있어요. 이 검사에서는 에너지의 방향(E-I), 인식 기능(S-N), 판단 기능(T-F), 생활양식(J-P)의 4가지 분류기준에 따라 16가지의 성격유형으로 분류합니다. ENFP, ISTJ, INFP, ESTJ 등등 자기 소개할 때 덧붙이는 말을 들어보셨을 거예요.

요즘 부모님이나 성인 분들이 가장 관심을 두는 검사는 TCI(Temperament and Character Inventory)예요. 만 3세 이상의 유아부터 성인까지 검사받을 수 있고 선천적인 심리 선호 경향성인 기질을 측정하고, 더불어 기질이 환경과의 상호작용에서 얼마나 성숙해 있는지 성격적인 측면도 알 수 있어요. 자극 추구, 위험회피, 사회적 민감성, 인내력의 4가지 기질 척도와 자율성, 연대감, 자기 초월의 3가지 성격 척도가 있습니다. 이 검사에서 기질 척도의 인내력을 제외한 3가지로 조합을 하면 27개의 기질별 특성이 나옵니다.

우리 서로 다른 게 당연해요

대표적인 검사들의 결과만 보더라도 16가지, 27가지로 분류할 수 있을 정도로 사람들이 다르다는 걸 알 수 있죠. 여기서 더 나아가 성격유형과 기질이 같은 사람도 수치, 환경, 경험에 따라 각자의 고유한 '성질'을 갖고 있습니다. 어느 누구도 같은 사람은 없으며, 그래서 보이지 않는 마음을 알기란 바닷물을 뚫고 달의 소리를 듣는 것처럼 어려운 일 같아요. 더군다나 자기가 누구인지 알려고 고군분투 중인 아이들은 오죽할까요. 사춘기 아이들은 지금 찾는 중이라지만, 여태껏 나를 모르고 살면서 돌아볼 새도 없이 달려왔던 우리들은 어떤가요? 어쩌면 우리가 더 시급할지 몰라요.

학교 다닐 때 열심히 기초 상식과 수학 공식을 암기했던 것처럼 이제 사람에 대해서도 공부해 봐요. 나와 우리 가족이 잘살기 위한 일이잖아요. 앞에서 알려드렸던 따뜻한 시선을 장착하려고 해도 마음에서 이해가 안 되면 스트레스만 더 쌓여요. 역시 나는 안 된다며 나를 비난하게 될 수도 있어요. 안 되는 이유가 있어서 그래요. 나와 너무 다른 사람들과 있으니 이해가 안 되죠. 모르니까요. 이것을 인정하는 순간이 바로 터닝 포인트가 돼요.

'나는 널 몰라. 너의 마음을 알고 싶어.'

호기심으로 아이를 바라보면 만날 수 있어요. 어떤 검사

든지 결과만으로 사람을 판단하고 분석하면 수박 겉핥기일 뿐이에요. '넌 이런 유형이니까, 이런 기질이니까'로 평가하면 또 상처만 줄 수 있어요. 전문가에게 검사 해석을 제대로 받고 기질, 성격유형 등과 관련된 책이나 모임, 강의 등으로 배워보세요. 명심하세요. 한 사람을 제대로 아는 것은 달의 소리를 듣는 것만큼이나 쉽지 않은 일이고 오랜 시간이 걸린다는 것을요. 어쩌면 죽을 때까지도 내가 누군지 모를 수 있을 만큼요.

서로가 모르는 상태에서 함께 살아가야 할 때 우리 이 세 가지를 기억해 봐요. 먼저 첫 번째, 질문해 보세요. 아이들의 변연계를 자극하는 명령조나 지시어 대신에 자녀의 이름을 불러주면서 의논하는 언어로 말씀해 보세요.

"00야, 게임 아이템이 필요하다는 거구나. 엄마가 어떻게 해 주면 좋겠어?"

두 번째, 확인해 보세요. 아이의 대답을 들은 후에, 부모님이 이해한 것이 맞는지 다시 들려주며 확인합니다.

"아이돌 공연에 친구들과 가고 싶은데, 엄마가 비용을 좀 도와줬으면 좋겠다는 거지? 엄마가 이해한 것이 맞니?"

세 번째, 조율해 보세요. 한 사람만의 의견이 아니라 구성원들 모두를 잘 만족시켜 줄 수 있는 정도로요.

"엄마는 이 정도 금액까지 가능해. 이렇게 하면 어때?"

아이의 마음이 궁금하다면, 엄마가 잘 모르지만 그 마음을 함께하고 싶다는 모습을 보여주세요. 그러면 철옹성 같던 아이의 마음이 열립니다. 마음을 있는 그대로 존중받은 아이는 점점 스스로 좋은 길을 선택해 갑니다.

Think
11

✦ 자녀와의 대화에서 평소에 나는 어떠했나요?
   명령이나 지시적으로 '답정너'를 요구하지는 않았나요?
✦ 자녀를 존중하며 말한다면 이제 어떻게 말하고 싶으세요?

자녀의 강점
칭찬하기

Q. 칭찬을 많이 들어야 자존감이 높아진다고 해서
'잘했다, 최고다, 멋지다' 칭찬을 많이 해 줘요.
그런데도 아이는 제가 칭찬을 안 해 줬대요.

사람마다 가지고 있는 기질과 성격유형을 알아야 하는 이유가 있어요. 단순히 'INFP네, ENFJ네, 자극 추구가 높고 위험회피 기질이 낮네.' 이렇게 나누기만 하는 게 아니라 그 사람에게 무엇이 중요하고 무엇이 강점인지, 취약점인지 알 수 있기 때문이에요. MBTI에는 숨겨둔 비밀병기 같은 주기능이 있어요. 16가지 성격 유형은 각각의 심리기능 위계가 있어요. 주기능, 부기능, 3차 기능, 열등기능 등으로 마음을 움직이게 하는 동력의 순위가 다르다는 뜻이죠. 인식기능의 감각, 직관과 판단기능의 사고, 감정을 에너지 방향인 외향과 내향으로 나누어서 8가지가 나와요.

8가지 주기능을 요약해서 알려드릴게요. 오감을 통하여 구체적으로 자료를 수집하고 현재 순간에 집중하는 외향적 감각형(Se, 정찰자), 과거와 현재를 비교하며 현재 상황을 비교하는 내향적 감각형(Si, 관리자), 외부 세계에서 연관성과 가능성을 보고 상상을 좋아하는 외향적 직관형(Ne, 난상토론 참가자), 내부 세계의 연관성과 가능성을 보고 상징을 잘 인식하는 내향적 직관형(Ni, 예언자), 측정 가능한 목표를 세우고 성취하기 위해 자원을 체계화하는 외향적 사고형(Te, 행정가), 사물과 아이디어가 어떻게 적용하는지 해석을 정립하고 판단, 정리가 중요한 내향적 사고형(Ti, 분석가), 사회적 관계를 구축하고 관계 유지를 추구하는 외향적 감정형(Fe, 친절한 안내자), 진정 중요한 것이 무엇인지 이해하고 자신의 진실성 유지에 가치를 두는 내향적 감정형(Fi, 양심적인 사람)까지 사람마다 그를 움직이게 하는 것이 다릅니다.

저는 INFP 유형이고, 주기능은 내향 감정형(Fi), 부기능은 외향 직관형(Ne), 3차 기능은 내향 감각형(Si), 열등 기능은 외향 사고형(Te)이에요. 저를 움직이게 하는 주된 동력은 감정이에요. 사람들 관계에서 느껴지는 감정들이 저의 행동을 움직이게 하는 원인이 되죠. 저의 감정뿐만 아니라 상대의 감정도 공감을 잘하고 어떻게 느꼈을지 살피는 것이 중요해요. 상

ENFJ	INFJ	INTJ	ENTJ
Fe, Ni, Se, Ti	Ni, Fe, Ti, Se	Ni, Te, Fi, Se	Te, Ni, Se, Fi
ENFP	INFP	INTP	ENTP
Ne, Fi, Te, Si	Fi, Ne, Si, Te	Ti, Ne, Si, Fe	Ne, Ti, Fe, Si
ESFP	ISFP	ISTP	ESTP
Se, Fi, Te, Ni	Fi, Se, Ni, Te	Ti, Se, Ni, Fe	Se, Ti, Fe, Ni
ESFJ	ISFJ	ISTJ	ESTJ
Fe, Si, Ne, Ti	Si, Fe, Ti, Ne	Si, Te, Fi, Ne	Te, Si, Ne, Fi

출처: (주)한국MBTI연구소, (순서: 주기능, 부기능, 3차기능, 열등기능)

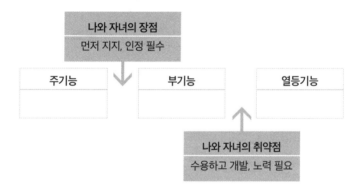

대의 감정을 고려하여 배려하는 마음이 크고 상처 주지 않으려고 애를 쓰죠. 사람들은 너무 감정에 치우쳐서 약하고 여리다고 보지만, 자신만의 가치나 신념에 맞지 않을 때는 그 누구보다 투철하게 지켜내려고 하는 모습이 나와요. 그래서 '잔다르크형'이라는 별명도 붙었답니다. 그만큼 저의 감정 역시 공감과 이해를 받지 못할 때 좌절감을 느끼고, 존재로서 존중받을 수 없다고 생각해요.

아이의 내면의 강점인 주기능, 부기능으로 칭찬해 주세요.

모든 사람에게는 마음을 움직이게 하는 주기능이 있어요. 같은 부모님 밑에서 자랐어도 형제, 자매마다 가정에 대해 다르게 인식하는 이유는 중요한 것이 서로 다르기 때문이에요. 엄마가 형과 동생에게 간식을 조금 다르게 주어도 감정형인 형은 엄마가 자신을 덜 사랑한다고 여길 수 있고, 사고형인 둘째는 엄마가 공평하게 주지 않은 것은 잘못되었다고 판단할 수 있어요. 이런 상황에서 속상해하고 마음이 상한 형에게 "너는 이런 걸 갖고 울고 그러니, 속이 좁게 왜 그래, 양보하는 마음도 없니?"라고 한다면 어떨까요? 또 공평하지 않다고 따져 묻는 동생에게 "너는 이런 일로 뭘 그렇게 따지니, 그냥 먹으면 되는 거지, 사사건건 물고 늘어지니?"라고 했을 때, 아이는 어떤 마음일까요?

사람은 내면의 주기능으로서 인정받고 지지받을 때 가장 나답게 살아갈 수 있어요. 반대로 주기능으로 인정받지 못하고 무시당하거나 좌절된다면 부기능, 3차 기능, 열등기능 등을 노력해서 잘 발휘해도 자기로서의 자신감이 낮아져요. 주기능인 만큼 마음의 상처도 깊은 것이죠. 아이가 어떤 가치를 중요하게 생각하는지, 어떤 표현을 자주 쓰는지, 특히 어떤 상황에서 다른 사람보다 마음이 상하고 화를 내는지 살펴보세요. 어떤 분은 목표를 세우고, 자원을 모아서 사람들을 움직이게 하는 것이 중요한 외향적 사고형(행정가)이었어요. 그런데 나서서 아이디어를 내고 생각을 이야기할 때마다 부모님이 "너는 똑똑한 척해서 재수 없어."라고 하셨대요. 그분은 자연스럽게 나오는 행동을 할 때마다 내면에서 자기를 비난하는 목소리를 들어야 했고, 자신을 나쁜 사람이라고 생각하게 됐어요.

아이들은 발달과정 중이기 때문에 성격유형이나 기질을 정확하게 알기 어렵지만, 관심을 기울여서 유추해 볼 수 있어요. 십 년 넘게 경험한 아이의 모습을 떠올려 보세요. 아이의 마음을 움직이게 하는 주기능의 동력 퍼즐 조각이 맞춰지면 그 부분에 대해 인정해 주고 지지해 주세요. 그래야 진짜 나로 살아갈 수 있습니다. 하지만 이 부분이 강하다 보니까 부딪치기도 쉬워요. 어떻게 조절하고 마음을 유연하게 바꾸게 할 수 있을지도 알려드릴게요. 부모가 함부로 했던 말로 아이에게 평생 자기로 살 수 없게 만드는 일은, 이제 멈춰야죠.

✦ 가족의 MBTI 성격유형을 찾아보세요. MBTI 정식 검사를
받는 것이 정확해요. 각자의 성격유형 속 주기능, 부기능,
열등기능을 적어 보세요.

자녀의 실수는
자존감 Up의 기회로

Q. 부모가 하는 소리는 다 잔소리로만 받아들여요.
　 아이의 마음을 열려면 어떻게 해야 하나요?

　자녀의 사춘기가 시작되면 가장 실질적인 문제가 아이의 마음을 움직이기 어렵다는 거예요. 어릴 때는 무섭게 대하거나 약간의 협박을 하면 아이가 움직였는데 이제는 덩치도 엄마, 아빠만 해지고 자기주장을 내세우면 그때부터 충돌이 심해져요. 지저분한 방, 손에 달라붙은 스마트 폰은 애교로 봐주지만 학원은 물론이고 학교도 가지 않겠다는 아이를 보면 그때부터 머릿속이 하얘지고 애가 타기 시작하죠. '세상이 많이 바뀌었다고 하지만 중학교, 고등학교는 나와야 하지 않을까?'라는 생각에 불안해지고 아이 마음을 어떻게든 돌려야 할 것 같아요.

이런 상황에서 어떻게 해야 할지 부모님도 고민하느라 머리가 너무 아파요. 지금까지 그랬듯이 소리도 지르고, 잔소리 폭탄을 투하하고, 끝에는 엄마 아빠 불쌍하지도 않냐며 감정에 호소하기도 해요. 하지만 이런 방법은 더 이상 통하지 않습니다. 결국 관계만 나빠지고 아이의 분노와 반항심만 커지게 되죠.

크고 작은 난제 앞에서 어떻게 해야 아이가 자신의 행동을 제대로 알고 좋은 방향으로 마음을 바꿀까요? 여기서 마음을 바꾼다는 것은 고집을 꺾고 부모님이 원하는 대로 따라오게 한다는 뜻이 아니에요. 지금 아이가 마음의 문을 굳게 닫고 있잖아요. 밖에서 들리는 천둥 번개에도 꿈쩍하지 않을 정도로 굳게 걸어 잠그고 그 안에서 자기도 어떻게 해야 할지 몰라 불안할 거예요. 이런 상황에서 아이의 마음이 건강해지고 자신에게 좋은 선택을 하기 위해 부모님과 마음의 문을 열고 함께 간다는 뜻입니다.

정성과 진심을 들여 보아요

우리, 이 사실부터 새기고 가요. 다른 사람의 마음을 바꾸고 행동을 변화시키기 위해서는 정성이 필요하다는 것을요. 한 사람의 마음은 쉽게 바뀌지 않아요. 누군가의 진심이 열쇠가 되었을 때 문은 자동으로 열리게 되어 있습니다. 그렇다면 어떻게 정성을 들이고 진심을 전달할 수 있을까요?

먼저, 호칭부터 점검해 보세요. 평상시에 아이를 부를 때 어떻게 부르시나요? 얼마 전에 중학교에 강의하러 방문했다가 복도에서 깜짝 놀랐어요. 선생님께서 학생에게 "야, 너 누가 핸드폰을 쓰래? 반납 안 해?"라며 갑자기 소리를 지르셨는데, 그 소리가 한 층 전체에 울릴 정도였습니다. 여러분이 아이의 입장이라면 이 말을 듣고 어땠을까요? "야"라는 말에서부터 놀라고 불쾌해서 뒤에 어떤 말이 붙어도 잘 들어오지 않습니다. 아이의 마음이 먼저 얼어붙으면 뒤에 들리는 말에 집중도도 떨어지고, 이 상황을 부정적인 기분과 연결 지어 기억하게 됩니다. 기분이 상해서 고치게 된 행동은 잘해도 성취감이 아닌 복수심이 드는 것 같아요.

아이들의 고쳐야 할 행동에 대해 이야기를 할 때 도입부에 "야", "너"라는 표현을 빼고 말해 보세요. 식사 후에 식탁에 그릇이 그대로 있다면 "밥 먹은 그릇이 그대로 있네."라고만 말하는 거죠. 빨래가 바닥에 그대로 있다면 "옷이 바닥에 있네. 빨래통에 가져다 넣어줄래?" 하는 거예요. 아이의 마음이 닫히지 않은 상태에서 상황을 인지해야 여유를 갖고 판단할 수 있습니다. 또, 아이가 행동으로 움직였을 때도 순간을 포착해서 바로 인정해 주세요. "자리를 잘 정리해 줬구나. 애썼어!", "빨래통에 잘 넣어줬네. 다음에도 옷을 벗으면 빨래통에 넣어주자. 수고했어!" 우리의 목적은 아이가 잘하나, 못 하나 감시하는 것이 아니라 성취할 수 있다고 믿고 안내해 주는 것이니까요.

아이가 큰 실수를 했을 때는 바로 무안을 주고 야단치기보다는 조금 더 정성을 들여 주세요. 사람을 바라보는 따뜻한 시선을 여기에도 적용해 봅니다. 자녀에게 이야기를 나눌 수 있는지 먼저 확인하고, 시간을 확보해 보세요. 과일이나 차 등의 간식을 준비해도 좋아요. 아이가 실수했을 때 노력한 점, 원했던 점 등을 먼저 찾고 다음에는 어떻게 하면 좋을지 필요한 것을 상의하며 찾아보세요. 마지막에는 함께 이야기를 나눠준 것에 대한 고마움을 전합니다. 사람은 누구나 자기에 대한 지적이나 평가가 달갑지는 않잖아요. 이렇게 이야기한다는 것이 오글거리기도 하고, 바쁜 사람들인데 언제 이렇게 시간을 들이냐라고도 하실 거예요. 열 번 다 이렇게 할 수 없어요. 하지만 누군가의 마음을 바꾼다는 것은 쉽지 않은 일이기에 열 번 중 두세 번이라도 시간과 노력을 들여 보세요.

부모교육에 참여하셨던 어머님 한 분이 강의모임 단톡방에 고민 상담을 요청하셨어요. 중학생 딸이 사고 싶은 물건이 생겼다며 십만 원을 열심히 모았는데, 학원에서 잃어버렸대요. 그 말을 듣는 순간, 화가 나고 속상해서 아이한테 소리칠 뻔했는데 강의 때 들은 말이 생각나서 참으셨대요. 우리가 함께 지혜를 모아서 방법을 찾고, 어머님이 바로 실행에 옮기셨어요. 딸의 방에 들어가서 이야기 나눌 수 있는지 묻고 이렇게 말해 주셨대요.

"딸아, 그동안 돈 모은다고 먹고 싶은 것도 참고, 목표를 정해서 노력해 왔잖아. 엄마는 그 모습에 우리 딸이 이만큼 컸구나 하면서 놀라고, 기특하고, 대견했어. 돈을 잃어버려서 제일 속상한 게 우리 딸이지. 다음에는 돈을 모으고, 관리도 잘해 보자. 현금으로 들고 다니면 위험하니까 통장이랑 체크카드 만들어서 안전하게 관리하자. 엄마한테 혼날까 봐 솔직하게 말하기 힘들었을 텐데 용기 내서 말해 줘서 고마워!"

이 말을 전하니까 딸이 펑펑 울었대요. 돈을 잃어버려서 속상한데 엄마에게 혼날까 더 긴장하고 있었던 거죠. 잔뜩 겁먹고 있었는데 엄마가 자기를 위로해 주고 따뜻하게 말해주니까 얼었던 마음이 다 녹았나 봐요. 어머님도 너무 속상했지만 지금 이 순간이 딸에게 얼마나 중요한지 알고, 좋은 선택을 하셨어요. 현명한 어머님은 그날 밤에 치킨 파티하면서 딸의 마음을 더 다독여 주셨답니다. 딸은 이날을 두고두고 기억할 거예요. 엄마가 자신을 존중하며 믿고 전해 준 마음을 확인했으니까요.

잘했을 때 칭찬받는 것도 좋지만, 실수하고 실패한 순간 지지와 존중을 받을 때 자존감은 몇 배로 올라갑니다. 아이의 행동이 잘못되었고 바뀌어야 한다고 생각한다면, 존중받는 마음이 들면서 상황을 수용할 수 있도록 고민하며 정성을 들여 보세요. 말로 전하기 어려우면 편지나 문자도 가능하겠죠. 이제부턴 아이의 실수나 실패를 보면 머릿속에서 바로 떠올려 보세요.

'아하! 지금이 우리 아이 자존감 높여 줄 수 있는 절호의 찬스야!'

Think
13

✦ 최근에 자녀의 실수를 보고 화를 냈던 적이 있나요?
✦ 그때, 어떻게 말해주면 좋았을까요?

지금 함께하는 것만으로도
"고마워"

Q. 요즘은 아이랑 눈 맞추고 말하는 것도 어색해요.
　아이와 친해질 방법이 없을까요?

　　사회는 '나 혼자 산다'가 아니라 함께 사는 곳이기에 조율하고 행동을 바꿔야 할 때가 있어요. 타고난 기질과 성격유형이 누구나 다르기에 자신에게 편하지 않은 방식을 써야 한다면 다른 사람보다 노력이 더 필요합니다. 부모님도 결혼하고 제일 많이 부딪치는 부분이 일상에서 사소한 것들이잖아요. 음식물 쓰레기가 생기면 그날그날 바로 버리면 좋겠는데 한쪽은 꽉 찰 때까지 모았다가 버리는 것이 더 좋대요. 아이들과 놀고 나면 어차피 다음 날 또 장난감을 꺼낼 거니까 대충 바닥에 두고 싶은데 한쪽은 깔끔하게 정리하길 원해요. 어느 쪽이 맞다 틀리다는 것이 아니라 서로 함께하기에 좋은 방법을 찾아봐요. 어른들도 자신이 살아온 방식을 바꾸는 것이 어려운데 아이들도 당연하죠. 뇌가 발달하는 중이고, 사춘기는 리모델링까지 하고 있어서 약속했던 것도 잘 잊어버리고 충동적으로 행동하고, 결정할 때도 있어요. 그래서 행동이 바뀌려면 이후에도 지속적으로 지지하고 인정해 주면서 햇살을 쬐어 주어야 해요.

하지만 현실적으로 앞에서 이야기한 방법들이 나한테는 어렵다고 느끼신다면, 가장 강력한 비밀 권법을 알려드릴게요. 펌프로 물을 길어 올릴 때 잘 나올 수 있도록 약간의 마중물이 필요한 것처럼 우리도 "고마워."라고 말해 주는 거예요. '애걔, 겨우?'라고 생각하실지 모르지만, 평상시에 꾸준히 감사만 표현해도 아이의 마음이 마시멜로처럼 말랑말랑해진답니다.

여러분은 아이들에게 고맙다는 말을 평소에 자주 해 주셨나요? 아이가 식사 후에 그릇을 치우는 것이 당연한 일이지만 싱크대에 놓아주는 순간을 포착하세요. 반려동물과 산책하고 돌아올 때, 식사 준비를 말없이 도와줄 때, 장을 본 짐을 들어줄 때, 택배를 찾아와 줄 때, 엄마랑 가벼운 데이트 나간다 할 때, 그 순간에 전해 주세요.

"딸, 그릇을 치워줬네, 고마워~"

"아들, 산책 다녀온 거야? 고마워~"

"엄마랑 웬일로 데이트를 다 가주고, 고마워~"

고맙다는 말은 존재 자체로 인정받는 말이에요. 로마의 철학자인 키케로는 "감사하는 마음이 최고의 미덕이자, 모든 미덕의 어버이다."라고 말했어요. 부모님이 최고의 미덕을 자신에게 발휘해 주는 순간, 아이는 누구보다 자신을 뿌듯하게 여기고 존중감을 느낍니다. 또 아이에게 고맙다는 말을 해 주다 보면 오히려 제가 감동할 때가 있어요. 자동차로 딸과 이동 중에 딸이 음악 소리를 줄여 줄 수 있냐고 부탁을 했어요. 멀미가 나는지 머리가 아프다고 하더라고요. 걱정되는 마음에 얼른 볼륨을 줄였죠. 그랬더니 딸이 이렇게 말했어요.

"엄마, 고마워~"

당연히 해야 하는 말일 수도 있지만, 사춘기 딸의 입에서 나온 고맙다는 말은 심장에 전율을 일으킨다고 할까요. 형식적인 말일지라도 그 한마디를 표현해 주는 아이가 기특하고, 저도 더 좋은 사람이 되는 것 같아요. 서로에게 명령하고 당연히 해야 한다 생각하는 것이 없어지고 먼저 물어보고 부탁하고 어렵다고 거절의 표현을 해도 이해하는 마음이 커져요. 고맙다는 말이 오가면서 부모와 자녀 사이에 존중이라는 울타리가 튼튼하게 세워지고 있어요.

집단 상담에 참여한 한 어머니의 표정이 어두우셨어요. 중학생 아들이 등교를 거부하면서 방 안에만 들어가 있었대요. 얼굴 보면 속이 터지고 싸우기만 하니까 지푸라기라도 잡는 심정으로 여기에 앉아 있으시대요. 상담 과정 중에 눈물도 흘리고, 마음의 원리를 알게 되면서 아이에게 적용을 열심히 하셨어요. 아이를 이해하려 해 보고, 마음에 안 드는 행동에도 허벅지 꼬집으며 잔소리를 참고 대신에 고맙다는 말을 많이 하셨어요. 4회기 마지막 날, 전보다 환해진 얼굴로 나오신 어머니가 좋은 소식이 있다며 먼저 말씀해 주셨어요. 며칠 전에 아들이 학교에 다시 가겠다고 했고, 오늘 정말 등교를 했대요. 기쁜 소식에 함께 환호했던 기억이 납니다. 학교 선생님들도 애써 주셨고, 무엇보다 부모님께서 노력하신 덕분이었어요. 학교에 가는 것만이 정답은 아니죠. 어머니는 아이가 고민의 순간에 자신을 위한 선택을 하고 용기를 냈다는 것이 고맙고 이제야 아들을 믿어줄 수 있는 엄마가 되었다고 눈물을 흘리셨어요.

고맙다는 말도 잘 안 나오고, 도대체 무엇이 고마운지 찾기 어려운 분들도 계실 거예요. 그렇다면 감사한 일 찾기를 해 보세요. 하루에 한 가지라도 좋아요. 자기 전이나 아침에 일정한 시간을 정해 두고, 나에게 일어난 감사를 떠올려 보세요. 억지로 긍정적으로 보는 것이 아니라 이미 내 삶에 있는 것들 중에 중요한 것을 간직하고, 조명을 비춰주는 거예요. 하루 한 가지씩 찾다 보면 감사를 발견하는 시력이 좋아지실

거예요. 늘 마음에 안 들고 도대체 왜 저럴까 하는 시선으로
만 아이가 보였다면, 조금씩 지각변동이 일어날 거예요. 우리
아이들은 분명 좋은 사람이니까요. 자기만의 힘을 가지고 태
어난 아이들이니까요.

어린이는 한 장의 양피지 같아서

작은 상형문자로 가득 채울 수 있지만

그중에서 당신이 해독할 수 있는 부분은

극히 일부에 지나지 않습니다.

당신이 할 수 있는 일은 고작해야

그중 몇 개를 지우고

그 자리에 무언가를 보태는 것이지요.

이것은 자연의 법칙입니다.

얼마나 놀라운지요!

– 야누슈 코르착의 〈아이들〉 중에서

✦ 자녀에게 고마운 점들을 떠올려보고, 적어보세요.

자녀에게 진심의 사과를 전할 용기

Q. 아이를 혼내고 나면 부모도 속상해요. 그런데 아이는 부모 마음 상한 건 안중에도 없는 것 같아요.

매년 연말이 되면 마지막 연례행사가 있죠. 특히 어린아이가 있는 가정에서는 이날만 손꼽아 기다리는 아이들에게 실망을 주고 싶지 않아 부모님이 007 작전처럼 미션 완수를 위해 최선을 다하세요. 바로 크리스마스입니다. 이제 사춘기 자녀들은 산타클로스 할아버지를 기다리지 않을 것 같아요. 대신 크리스마스 파티 마무리하면서, 일 년 동안 아이에게 미안했거나 잘못한 일이 있다면 진심으로 사과의 마음을 전해 보세요.

'뜬금없이 웬 사과?'라고 하실 수 있어요. 아이의 마음에 남아있는 감정이 너무나 중요하니까요. 상담사들은 본인의 정신건강을 관리하는 것이 어떤 직업군보다 필수예요. 완벽하게 건강해야 한다기보다는 현재 내 마음이 어떤 상태인지, 과거의 일들이 나에게 어떤 영향을 주고 있는지 등을 잘 이해하고 있어야 해요. 마음을 이해하기 위해 주기적으로 공부모임에 참여하고 집단상담, 개인상담을 받는 것이 필수랍니다. 올해에도 여러 상담을 경험했지만, 결론은 늘 같아요. 상담사의 상담도 지금 현실에서의 문제로 시작하지만 연결되어 올라오는 감정의 뿌리는 대부분 유아기부터 10대까지의 순간들이에요.

사람들 앞에서 자신을 드러내야 하는 순간이 왜 이렇게 무서운지 생각해 보니, 어렸을 때 갑자기 친척 집에 맡겨지고 불안하고 놀랐던 마음이 두려움으로 남았어요. 사람들에게 지적받을까 눈치를 엄청 살피는데, 학창 시절에 도둑으로 몰리고 따돌림을 당하면서도 아무에게도 말하지 못하고 혼자 끙끙 살아왔어요. 사랑받을 수 없다고 생각하며 대인관계에 자신감이 없는데 어려서부터 형제와의 차별 대우와 무시를 받으며 살아왔어요. 엄마를 보면 잘 지내고 싶다가도 화가 올라와서 살펴보니 어린 시절에 때리고 혼내며 창피를 주고, 무섭게 했던 순간들이 떠올라서 지금도 힘들어요.

이 시기는 부모에게 보호와 돌봄을 받아야 하는데 경제적인 뒷받침이 너무도 필요한 아이 입장에서는 자기 마음을 다

표현할 수가 없어요. 억울해도, 화가 나도, 속상해도, 미워도, 외로워도 부모님에게 말할 수 없는 환경에서 살아야 했어요. 마음을 이해받고 공감받지 못한 상황이 한두 번이 아니잖아요. 20여 년의 시간 동안 부모에게 돌봄 받지 못하고 방치되거나 억압된 마음 프로그램이 성인이 된다고 갑자기 작동이 잘 될까요?

아이도 상처받은 마음에
단단히 철벽을 치고 있어요

마음에 올라온 감정, 욕구는 공감이나 이해받지 못하면 어디로 사라지지 않아요. 영국의 작가 존 업다이크는 "한순간 스쳐가면서도 강철만큼 오래간다."라고 표현했어요. 어린아이라도 부모에 의해서 불안하고, 슬프고, 무섭고, 창피했던 감정들은 마음에 쌓이게 돼요. 한두 번이 아니라 장기적으로 반복되다 보면 아이들은 자기 존재가 온전히 인정받을 수 없다고 본능적으로 느낀답니다. 공부를 잘해서, 심부름을 잘해서, 부모님 걱정 안 시켜 드려서 인정받으려 하거나 더 말썽을 피우고 문제를 일으켜서 주목받으려고도 하죠.

특히, 10대 초중반 '내가 누구지?'라는 인생의 중대한 질문을 던지며 사춘기를 겪을 때 그동안 쌓아뒀던 마음속 감정들이 올라와요. 신체적, 정서적으로 혼란한 시기인 탓도 있지만, 아이 마음에 꾹꾹 담아놨던 감정들을 이제는 다시 보아달라고 신호를 보내는 것일 수도 있어요. 상담받았던 중학생이 선택적 함묵증처럼 일정 상황에서는 말을 하지 않았어요. 상담 시간에도 말이 나오지 않아서 그림 그리기나 보드게임으로 자기표현을 했어요. 그러다가 마지막에는 가족 상담으로 진행을 했어요. 어머님께서 아이에게 그동안 하지 못했던 말을 편지로 써서 직접 읽어주셨는데 아이의 눈에서 눈물이 뚝뚝 떨어졌어요. 그렇게 상담은 종결됐고, 다행히 아이가 많이 밝아졌답니다. 어머니가 전한 미안하다는 말에 아이의 마음 문이 열렸어요.

아이에게 잘못한 일이 있다면 우선 진심으로 사과하고, 아이 마음에 응어리로 남지 않도록 보듬어 주세요. 대부분의 부모님들도 사과를 하신다고 말씀하세요. 보통 부모님의 사과는 이렇게 전개가 돼요.

"아까 엄마 아빠가 화내고 소리 질러서 미안해. 무서웠지? 너도 동생이랑 싸우고 말썽부려서 더 혼나잖아. 그러니까 너도 엄마, 아빠 말 잘 듣고 행동을 잘해야 돼. 알겠어?"

지금까지 이렇게 사과하셨다면 안타깝지만 헛수고하신 거예요. 사과받는 사람의 마음이 풀렸을까요? 부모님 마음이 가벼워지려고 하는 행동으로밖에 느껴지지 않을 거예요. 사과는 받는 사람의 마음이 풀어지는 것이 핵심입니다.

"아까 엄마, 아빠가 화내고 소리 질러서 미안해. 큰 소리 나니까 무섭고 불안했을 것 같아. 엄마, 아빠가 해결해야 할 일이 있었는데 너를 배려하지 못하고 이런 모습 보여서 정말 미안해. 앞으로는 엄마, 아빠가 잘 해결해 가는 모습 보이도록 노력할게. 00야, 엄마 이야기 듣고 하고 싶은 말 있어? 지금은 마음이 좀 어때?"

부모도 완벽하게 역할을 다 하고 사소한 일까지 일일이 사과하며 살 수는 없겠죠. 우리도 잘하려다 보니까, 너무 애쓰다 보니까, 지치고 힘들 때가 있는 거죠. 아이들을 위하는 우리의 노력과 진심이 제대로 전달되는 것이 중요하잖아요. 크리스마스에 아이들이 좋아하는 선물과 함께 마음도 꼭 보듬어 주세요. 올 한 해 동안 좋았고 행복했던 순간들은 기억하세요. 그리고 아이들에게 속상하고, 미안하고, 화가 나고 불안했던 마음이 있다면 진심으로 사과해 주세요. 살면서 한 번이라도 자신의 마음을 있는 그대로 존중받은 아이는 이 순간으로 건강한 자존감을 저장합니다.

'나 이대로 괜찮은 사람이구나!'

✦ 자녀에게 미안했거나 사과하고 싶은 일들을 떠올려 보고,
적어보세요.

"어떻게 하면 좋을까?" 함께 찾기

Q. 아이가 공부하느라 힘들어하고, 친구 때문에
   학교에 가기 싫다고 말해도 어쩔 수 없잖아요.
   안쓰럽지만 당연히 이겨내야 하는 것 아닌가요?

6월의 어느 날, 아침부터 굵은 빗줄기가 쏟아지고 있었어요. 둘째가 초등학교 4학년일 때, 일주일에 두 번 등교하는 날 중 하루였어요. 예전 같으면 월, 화, 수, 목, 금 5일을 꼬박 등교하는 것이 지극히 당연한 일인데 코로나로 인해 완전히 달라진 풍경이네요. 반으로 줄어든 등교 일을 기다리며 얼른 학교에 가고 싶은 마음이면 좋으련만, 오히려 가지 않는 날이 마음이 편하니까 더 두드러지게 거부 반응이 나올 때가 있어요. 담임선생님이 무섭고, 실수했을 때 아이들 앞에서 창피를 주고, 수치심을 주는 분이라 아이가 특히 더 가기 싫어했어요. 아이가 꼼꼼하게 챙기는 편이 아니고 난독증이 있어서 글씨는 읽고 쓰지만 선생님의 지시가 빠르면 이해를 잘 못 하거나 놓치는 때가 있거든요. 아직 자라는 중이니까 아이마다 속도가 다른 것이 당연한데 못 따라오는 학생들을 지적하고 혼내서 고치려 하는 것이 부모 입장에서는 너무나 안타까웠어요. 그 상황에 있는 아이는 오죽할까요. 저라도 싫을 것 같아요. 저도 예전에 많이 겪어봐서 알죠.

그럼에도 아이가 학교에 가기 싫다고 발동을 걸면 마음이 불편해져요. 아이 마음에 공감하고 다독여서 학교에 갈 수 있도록 하면 좋은데, 바쁜 아침 시간이 재촉하니 저에게도 여유가 없습니다. 참고 참다가 그래도 아이가 안 가겠다고 버티면 이 말이 제일 먼저 튀어나와요.

"그럼 어쩔 건데? 초등학교는 가야 되는 곳인데 어쩔 수 없잖아. 다른 사람들도 다 힘들어. 그래도 참고 다니고 견디는 거야. 그것도 못하면 어떡할래? 왜 너만 유난이야!"

입에 모터 달린 듯이 줄줄줄 나오는 엄마의 레퍼토리를 이젠 아이도 외웠겠어요. 이 말로 아이는 존중받고 싶어 했던 욕구가 KO패 당하고, 저도 학교에 가게 하는 것만이 답이 아닌 걸 알면서도 방법이 없는 듯 느꼈어요. 장맛비가 거세게 퍼붓던 날, 아이는 울며 학교 정문을 통과했고 저도 뒤돌아 울음을 삼켰습니다.

'어쩔 수 없잖아. 그럼 어떡해. 이겨내야지. 방법이 없는데.'

상담실에서 만난 부모님들도 이 말씀을 자주 하세요. 자기가 원해도 어쩔 수 없지 않냐고요. 아이들은 생기를 잃은 모습으로 의욕이 없거나 겁에 질려 불안한 상태로 와요. 그나마 상담실에 와 주는 것만으로도 희망을 갖고 있다는 뜻이겠죠.

함께 방법을 찾아봐요

비단 학교만 그럴까요? 군대, 직장, 사회에서도 어쩔 수 없다는 말로 살아왔다는 것을 금방 알 수 있어요. 다들 취업 전쟁이고, 취업 성공하면 치사하고 힘들어도 버텨내라 하고, 결혼해서 얼른 가정을 꾸리라 하고, 결혼생활이 힘들어도 다들 아이 보며 참고 산다 하고, 또 그 아이들에게도 대한민국에서 태어났으니 여기에 맞춰 살라고 했어요. 각자의 속도와 취향, 특징이 존중받지 못한 채로요. 이대로 쳇바퀴 속에 빠져 있을 순 없죠. 어쩔 수 없다는 말의 세뇌 프로그램이 머릿속에서 작동할 때, 그에 맞설 문장이 필요해요.

"어떻게 하면 좋을까? 어떻게 방법을 찾을 수 있을까?"

답을 찾아주는 것이 아니라 함께 찾아보는 거예요. 요한 볼프강 폰 괴테는 "스스로를 신뢰하는 순간 어떻게 살아야 할지 깨닫게 된다."라고 말했어요. 우리 아이처럼 자녀가 학교생활이나 공부, 친구 관계 등으로 힘들어한다면 차분히 이야기할 수 있는 시간을 가져 보세요. 먼저 마음이 열릴 수 있도록 아이가 요즘 노력하고, 발휘하고 있는 모습을 인정해 주세요. 마음이 통한다 싶을 때 무엇이 힘들었는지 물어보고, 부모의 시선이 아니라 아이의 입장에서 진심으로 들어주세요. 마음에 쌓였던 먹구름들이 조금일지라도 사라지고 가벼워질 거예요. 그리고 이야기를 마무리하면서 어떻게 하길 원하는지 물어보는 겁니다. 자기가 원하는 욕구와 느꼈던 감정들을 존중받으면, 힘든 상황에서도 좋은 선택을 할 수 있어요. 이때 부모님의 감정과 생각도 전하면서 조율하는 것이 필요해요.

뾰족한 방법이 생각 안 나고 견뎌내야 하는 상황들이어도 내가 어쩔 수 없이 끌려가는 것이 아니라 희망을 가지고 인내할 수 있어요. 미덕을 연마하는 성장의 시간으로 선택할 수도 있어요. 내가 아무리 발버둥을 쳐도 절대 변하지 않는다고 믿는 곳이 바로 지옥이잖아요. 우리 아이들이 살아갈 세상은 이제 '헬조선'이 아니라 희망 대한민국으로 바뀔 수 있어요. 호랑이 굴에 들어가도 정신만 차리면 산다는 말처럼 어떤 상황에서든 '어떻게'로 방법을 찾아봐요. 서로의 마음속 욕구와 감정을 존중하며 나와 우리에게 좋은 방법을 선택해요.

몇 년 전에 초등학교 달리기 행사가 뉴스에 나왔어요. 5명이 달리던 시합에서 1, 2등을 다투던 한 명이 넘어졌어요. 당연히 이게 웬 떡이냐 하며 신나게 달려갈 줄 알았던 선두의 학생이 갑자기 달리기를 멈췄어요. 그리고 넘어진 친구에게 달려가 손을 잡고 일으켜 주었습니다. 그러자 뒤에 오던 세 명의 친구도 멈추어 옆에서 함께 발을 맞춰 줬어요. 결승선에 거의 다 와서는 넘어진 학생을 일등으로 들어가게 친구들이 등을 밀어주었고요. 이 장면에 감동받은 선생님과 학부모님들이 박수를 치며 5명 모두에게 1등 도장을 찍어 줬습니다. 모두가 어쩔 수 없다고 체념했어도, 한 사람의 선택이 물에 떨어진 한 방울의 잉크가 퍼져가듯 우리를 바꿔 갈 수 있어요. 저도 계속 딸과 방법을 찾고 있어요.

"딸아, 우리 어떻게든 행복해질 방법을 찾자."

Think
16

✦ 자녀에게 어쩔 수 없으니 해야만 한다고 강요했던 상황이
   있었나요?
✦ 그 상황에서 자녀의 마음이 어땠을지 적어 보세요.
✦ 자녀의 마음을 존중하며 좋은 선택을 한다면 어떤 방법이
   있을까요?

가족의 드림보드로
함께 꿈꾸기

Q. 우리 아이는 좋아하는 것도 없고 꿈도 없대요.
　　그러면서 게임에만 몰두하는 아이,
　　이대로 괜찮을까요?

　　저는 희망을 믿지 않았어요. 이 지구에 잘못 태어나서 사랑도 못 받고, 되는 일도 없고, 조금이라도 기대했다가는 실망만 크니까 일말의 희망도 스스로 꺼 버렸어요. 그렇다고 제 삶이 엄청 우울하고, 불행한 일투성이도 아니었어요. 돌아보면 운이 좋았던 일도 많은데, 이런 때는 어쩌다 그랬을 뿐이라며 쓱 흘려보내요. 제가 실망하고 기대에 못 미치는 일들만 꽉 붙잡고 있었던 거죠. 불행만을 잡고 있던 프로세스 덕분에 우울한 시간을 보내왔습니다. 그랬던 제가 지금은 뭐라고 하고 다니는지 들려드릴게요.

"우주는 내 편이니까!"

지구에 잘못 태어났다더니 우주를 믿게 되었어요. 제 삶에 대한 신뢰가 생긴 거죠. 어떤 일이든 뜻이 있고 의미가 있고 결국은 내가 마음속에 품고, 바라던 대로 삶이 흘러간다는 것을요. 이렇게 180도 달라진 바탕색이 채색된 데는 드림보드의 힘이 컸어요. 〈보물지도〉의 저자 모치즈키 도시타카는 자신의 꿈과 관련된 이미지나 사진을 모아 붙이기만 하면 되는 미래 설계도를 만들어서 꿈을 시각화하라고 해요. 이 보물지도를 가까운 곳에 두고 자주 보면 된다고 합니다. 우리의 무의식 속에 목표를 되새겨 주기 때문에 꿈이 더 쉽게 이루어질 수 있다고 합니다.

제가 원하는 꿈이 있다면 이미지로 만들어 보고, 날짜도 적었어요. 100%가 아니라 1%라도 희망을 걸었어요. 제가 일하고 싶은 심리상담 센터, 상담사로서 바라는 이미지, 라디오 DJ의 꿈 등 기회만 생기면 언제든 원하는 것들을 꿈꿨어요. 한 문장으로 만들어서 시간 날 때마다 된다고 말해주고, 꿈과 비슷한 사진이나 그림 이미지를 출력해서 드림보드를 만들었어요. 저는 캔버스에 이미지를 붙이고, 계속 첨가해 가고 있답니다. 갤러리의 작품처럼 거실의 잘 보이는 곳에 걸어두어서 오가며 마음속에 저장해 줘요.

그 소망들이 과연 어떻게 됐을까요? 일하고 싶었던 심리

상담 센터에서 6년 동안 좋은 경험 쌓고 작년에 새로운 길을 위해 퇴사를 했습니다. 작년부터 진행한 팟캐스트가 어느덧 1년이 되었고요. 이루어진 것을 쭉 나열하니까 저도 신기하네요. 물론 이루어지지 않은 것도 많고 실패하고 좌절한 일들도 있어요. 하지만 지금은 이렇게 받아들입니다.

'이번에는 안 됐지만, 다음에 더 좋은 일로 올 거야!'

이렇게 생각하며 제가 저를 위로하고 지지해 준답니다. 이제는 저뿐만이 아니라 가족의 꿈도 소중하게 바라봐요. 아이들이 작게 원하는 것부터 미래의 꿈들을 말하면 절대 흘려듣지 않아요. 아이들이 원하는 것을 이뤄갈 수 있도록 도와주고, 응원해 줘요. 내가 원하는 것이 있다면 이룰 수 있다고 믿도록요.

내가 선택하는 것에 지지받으면
꿈을 꾸기 시작해요

아이들의 꿈은 정말 다양해요. 최애 아이돌 포토카드를 다 모으는 것, 좋아하는 아이돌 콘서트에 가 보는 것, 뽑기에서 원하는 이어폰을 갖는 것, 전교 100등 안에 드는 것, 춤으로 직업을 가지는 것, 운동으로 국가대표 선수가 되어 금메달을 따는 것 등요. 허무맹랑하고 가치가 없는 꿈은 어디에도 없어요. 마음속에 올라온 욕구와 목적은 분명 이유가 있을 거예요. 그 꿈들을 소중하게 보아주고, 이뤄낼 때 축하하고 함께 기뻐하고, 좌절할 때 옆에 있어 주는 것. 그래서 아이가 다시 툭툭 털고 일어날 때 손잡아주는 것까지가 부모의 몫인 것 같아요.

꿈이 없다고 하는 아이들도 많아요. 자기도 무엇을 하고 싶은지 잘 모르겠는데 자꾸 꿈이 뭐냐고 물어보면 더 부담만 가지게 돼요. 꿈을 직업으로만 생각하지 말고 당장 가지고 싶은 것, 해 보고 싶은 일 등으로 확장해 보세요. 아이가 하고 싶은 것을 하게 됐을 때도 원했던 것이 이루어졌다고 옆에서 말해 주세요. 그러면 아이가 꿈꾸고 원하는 것들을 점점 찾게 됩니다. 온라인 게임이나 영상만 보는 건 옳지 않은 일이고 시간을 버리는 일이라는 시각보다는 그것에 함께 관심을 가져 주세요. 누구든 억지로 하지 말라고 하면 더 하고 싶은 법이잖아요. 그 게임에서 어떤 것이 재밌는지, 무엇을 얻기 위해서 시간을 들이고 있는지 등의 이야기를 나누면서 아이의 마음도 알 수 있어요. 아이도 긍정적인 지지를 받으면서 자신의 행동을 돌아보게 되고, 자기에게 보다 의미가 있는 시간들로 일상을 채워갈 거예요.

아이들뿐만 아니라 부모님의 꿈도 이야기하고 이뤄갈 수 있도록 공유하면 어떨까요? 가족캠프 강의할 때 가족의 드림보드를 만드는 시간을 가졌어요. 사춘기 자녀와 부모님이 각자 원하는 꿈 이미지를 찾고 가족 드림보드에 붙이면서 꿈을 소개하고 나누는 시간이었어요. 소감을 물어보니, 아이들은 엄마 아빠가 이런 꿈을 갖고 있는 줄 몰랐는데 알게 되니까 좋았대요. 아이들의 꿈만 소중한가요? 부모님의 꿈도 중요하죠. 아이들의 꿈에 부모님이 관여하지 않아도 충분히 자기 길을 찾아갈 거예요. 우리 함께 꿈꾸며 가 봐요. 내가 원하는 꿈을 이루며 살기도 짧은 세상이잖아요. 지금 주어진 삶 속에서 꿈이라는 이정표를 세우고 응원하는 가족의 사랑이 있다면 더는 두려울 것이 없겠죠.

우리, 두려움 대신에 사랑과 희망을 선택해요!

✦ 자녀의 크고 작은 꿈들을 적어 보세요.

✦ 부모님이 앞으로 이루고 싶은 꿈은 무엇인가요?

✦ 어떤 모습으로 미래를 살고 싶은지 생각하고, 시간을 내어
가족의 드림보드도 만들어 보세요.

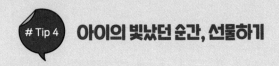
Tip 4 아이의 빛났던 순간, 선물하기

첫째가 6학년 가을을 보내고 있을 즈음, 저는 고민이 생겼어요. 기발한 아이디어를 내거나 깜짝 선물 주는 것을 좋아하는 저는 첫째의 초등학교 졸업식에 자꾸만 마음이 갔어요. 초등학교 졸업식을 의미 있게 기념하고 싶었어요. 꽃다발과 고가의 선물들도 좋지만, 아이의 기억에 평생 남을만한 것으로 무엇이 좋을까 생각하다가 책이 떠올랐어요. 아이의 13년을 담은, 세상 어디에도 없는 단 한 권뿐인 책이에요. 짧다면 짧고 길다면 길 수 있는 13년의 시간 중에서도 아이의 빛나는 순간을 담고 싶었어요. 이제 중학생이 되면 학교 공부도 열심히 해야겠지만, 그보다 더 중요한 인생 공부를 하게 되잖아요.

'나는 누구지? 어떻게 살아야 하지? 어떻게 해야 다른 사람들과 잘 지낼 수 있지?'

아이만의 답을 찾아가야 하는 긴 여정 앞에, 자기를 제대로 알 수 있는 책을 선물하고 싶었어요. 엄마인 제가 아이의 삶을 최전방으로 가장 옆에서 지켜봐 왔잖아요. 10대까지도 자신이 누구인지 객관적으로 알기가 어려워 주변의 피드백이나 평가가 중요해요. 사진첩을 보며 내가 어릴 때의 모습을 되새기는 것처럼, 자기의 빛나는 순간들을 기억하고 살아가면 두고두고 힘이 되지 않을까요? 또 나를 있는 그대로 보아주는 엄마의 사랑을 느낄 수 있길 바라면서요. 아이가 빛났던 순간들, 내면에 갈고닦은 미덕과 힘, 엄마로서 미안했던 일, 인생 선배로서 알려주는 팁들을 썼어요. 거창하게 꾸며진 책은 아니지만 아이에게 전하고 싶은 마음을 담았어요. 빛나는 순간들은 거창하지 않아요. 학교에서 상 받고 1등 하고, 남들보다 뛰어난 그런 순간이 아니라 아이만의 빛이 나는 순간들이에요.

7살까지도 무서워서 못 탔던 그네를 열심히 연습해서 마스터하며 용기 냈던 모습, 4살 때 치마 하나를 한순간도 떼어놓지 않고 자신의 분신처럼 일 년 내내 입으며 목적의식을 발휘한 모습 등을 적었어요.

드디어 아이가 책을 받고 훑어보더니 얼굴에 놀람과 미소가 가득하더라고요. 지금도 가끔씩 책을 읽어보고 거기에 적힌 추억들을 꺼내어 이야기한답니다. 이제 앞으로는 아이가 스스로 삶을 적어가겠죠.

남들이 한다니까 따라 하지 않고, 제가 잘할 수 있고 좋아하는 일로 선택했어요. 수천 개의 수식어가 달린 엄마, 아빠가 존재하듯 아이들을 위한 마음 표현 방식도 다 다르겠죠. 여러분이 잘할 수 있는 방식으로 사랑을 표현해 주세요. 지금 당장은 몰라도 어른이 되어 부모의 삶을 이해하게 될 때가 오면 사랑받은 마음을 가슴 깊이 새길 거예요.

✦ 아이의 빛났던 순간들을 떠올려 보고, 적어 보세요.
✦ 이 순간들을 아이에게 어떻게 전하고 싶으세요?

버츄프로젝트 교육

세계적인 인성프로그램으로 한국에서는 2003년부터 버츄프로젝트 프로그램이 실시됐습니다. 태초부터 전해 내려온 인간 내면의 힘인 미덕과 5가지 전략을 소개하며, 서로 다른 사람들이 어울려 살아갈 수 있는 길을 안내합니다. 선생님들이 더 열심히 배우시는 교육이랍니다. '한국 버츄프로젝트'에서 버츄워크숍, 버츄트레이닝 과정 등을 배울 수 있습니다.

MBTI 교육

최근 대중에게 널리 알려졌지만 한국에 도입된 지 30여 년이 넘었고, 심리 전문가들이 현장에서 유용하게 쓰고 있었습니다. 나와 타인의 선천적 선호경향을 탐색하며 서로를 제대로 존중하는 방법을 찾을 수 있습니다. 온라인에 올라온 검증되지 않은 지식보다는 '한국 MBTI 연구소'에서 MBTI를 심도 있게 배울 수 있으며, 자녀 양육에 대한 강의도 있습니다.

에니어그램 교육

에니어그램은 사람을 9가지 유형으로 분류하고, 누구나 하나의 유형에 속할 수 있다고 봅니다. 부모의 기질에 따른 양육관, 태도, 가치관을 탐색하고, 자녀의 기질을 파악하여 주파수를 맞추는 과정이 필요해요. 자녀를 있는 그대로 존중하면서 부모도 성장하게 됩니다. 여러 민간 연구소들이 있고, '어른성장연구소 지음(ZIEUM)'에 부모교육 프로그램이 있습니다.

비폭력대화 교육

관계에서는 마음을 표현하는 대화가 참 중요합니다. 비폭력대화 교육을 배우고 실천하면서, 개인과 집단의 갈등을 평화로운 방법으로 해결하고 서로의 욕구가 존중되는 사회로 만들 수 있습니다. '한국비폭력대화센터'의 교육, 모임에서 대화연습을 경험할 수 있습니다.

강점 교육

사람마다 고유한 자신만의 재능이 있고 약점이 있습니다. 약점을 보완하려 애쓰기보다는 강점을 잘 활용하는 사람들이 성공확률이 높다고 합니다. 부모와 자녀의 강점을 지지해 주고, 약점을 인정하고 보완하는 시스템이 가정에도 필요합니다. 〈위대한 나의 발견 강점 혁명〉 책을 구입하면 강점 Top 5를 알아보는 검사 무료 쿠폰이 있어요. '갤럽 강점코치' 검색으로 강점 교육, 활용할 수 있는 코칭 등을 찾아보실 수 있습니다.

"전 36살까지 살고 죽을 건데요?"

몇 년 전부터 청소년 쉼터에서 자살 우울 예방 교육을 하게 됐어요. 10대 중반에서 20대 초의 학생들이 단순 가출이 아니라 집에서 지낼 수 없거나 새로운 출발을 하기 위해 부모님을 떠나야 했던 다양한 이유로 모인 곳이에요. 학생들은 쉼터에 오기까지 저마다의 우여곡절이 있었고, 어찌 보면 정말 몸과 마음의 쉼이 필요할 만큼 지쳐있는 상태이기도 해요. 처음 만난 사람들과 같은 공간에서 지내고 숙식까지 하다 보니 속마음을 터놓고 친해지기도 하지만 작은 일에도 마음이 상하고 이곳에서까지 상처받기도 합니다.

자살 우울 예방 교육의 호응은 대체로 낮은 편이에요. 예방 교육이 시간 때우기 식의 의무이기도 하고 내용도 뻔하다고 생각하는 데다가, 예방을 넘어 이미 마음의 치유가 필요한 상황이니까요. 다들 관심도 없고 영혼 없이 앉아 있는 가운데 특히 눈에 들어오는 학생이 있었어요. 눈을 반짝이며 경청하는 것이 아니라 오히려 저에게 시비조로 말을 걸어왔어요.

"저는 상담 안 믿어요. 받아봤자 도움도 안 되는데 뭐 하러 받아요. 저는 36살까지 살고 죽을 거니까 이런 교육 필요 없어요!"

말 한마디만 해도 좌중을 압도하는 카리스마의 소유자인 학생이 이렇게까지 말하니 분위기는 더 가라앉았죠. 저도 마음이 위축되고 속상하고 당황도 되고 화도 올라올 뻔했지만 학생의 마음을 먼저 바라봤어요. 그동안 얼마나 마음이 다쳤으면 상담도 필요 없고 그 누구도 믿지 않게 되었을까 생각하니 학생이 하는 말들이 저를 자극하지 않았어요. 그런 마음인데도 오히려 여기 와 있는 것이 고맙더라고요. 36살이라는 유예기간을 두고 있는 것이 다행이었어요. 학교나 집은 마음 붙일 곳이 아니었고 범죄피해까지 당했거든요. 아주 작은 희망으로 버티고 있는 거죠. 그 희망의 불씨에 어떻게든 장작개비를 구해다 올려주고, 바람을 불어넣어 다시 불이 붙기만을 바라게 됐어요.

교육 시간에도 어떻게든 노력하고 빛나는 모습을 인정해 줬어요. 필요 없다고 하면서도 꼬박꼬박 참석하고 앉아 있는 것만으로도 잘했다고, 고맙다고 알려주고 또 정이 많아 자기가 좋아하는 친구들을 엄청 챙겨줄 때 배려와 사랑이 많다고 칭찬해 주었어요. 조금씩 마음의 결이 달라지더니 어느 날은 저를 보자마자 상담을 시작했다고 말하면서 전에 받았던 상담과는 다르다며 긍정적인 반응을 보이는 거예요. 누군가를 믿기 시작했다는 신호 같아서 제가 다 마음이 놓였어요. 점점 자기가 좋아하는 친구들뿐만 아니라 두루두루 챙기려 하고, 갑자기 화내거나 짜증 내는 일도 거의 없어졌어요.

교육을 마무리할 때쯤, 미래에 꿈꾸는 모습의 이미지를 찾는 드림보드 작업을 했어요. 자기가 좋아하는 일로 돈 많이 벌어서 건물을 살 거래요. 떵떵거리면서 자신감 있게 사는 모습으로 자기를 힘들게 한 사람들에게 복수하고 싶다고요. 다시 잘살아보고 싶다는 말이잖아요. 그 사람들을 증오하고 미워하면서 자신까지 망치는 것이 아니라 더 보란 듯이 살아내겠다는 선택을 했다는 것에 열심히 박수를 쳐 줬습니다.

저와 만나는 마지막 날, 만다라 도안을 골라 색칠하는 작업을 할 때는 보자마자 바로 골라냈어요. 완성한 후에 자기 그림을 설명해주는데 소름이 돋았어요. 도안 속 무늬가 세월호를 상징하는 리본 같았다면서 그 아이들을 생각하며 색칠을 했대요. 자기도 힘든 상황이지만 자기보다 더 고통을 겪은 사람들을 위하는 마음이 기특하고 대견했습니다. 이 순간에 확신이 들었어요. 누군가에게 관심과 지지를 받은 사람은 또 자신보다 힘든 사람을 생각하고 마음에 큰 사랑을 싹틔운다는 것을요.

이 학생만의 일일까요. 각자의 상황과 기간의 차이가 있지만, 사람은 누구나 자신의 어떤 모습과 행동에도 속마음을 읽어주고 있는 그대로 바라봐 주면 방향이 변하게 됩니다. 상담사로서 상담실에서 자주 경험하는 일임에도 눈앞에서 벌어지는 마음의 변화에 그저 감탄할 뿐이에요. 공식처럼 딱딱 떨어지게 설명할 수는 없지만 올바른 중심으로 만나다 보면 어느새 달라지는 마법처럼요.

이 학생과 만나야 될 인연이었는지, 우연히 주고받은 연락처 덕분에 시간이 지나 톡으로 연락을 하게 됐어요. 생일 알람 톡이 떠서 작은 선물과 함께 인사를 건넸더니 환하게 받아주면서 잘 지내고 있다고 안부를 전해줬어요. 다행히 부모님과도 화해하고 다니고 싶지 않아 하던 학교도 졸업했대요. 그리고 마지막에 이렇게 톡을 보내줬습니다.

"선생님 덕분에 열심히 살고 있어요!!!"

열심히 살고 있다는 말에 심쿵했어요. 그럴 줄 알았지만, 역시 힘이 있는 사람이었구나 싶었고요. 그 이후 SNS 팔로워가 되었는데요, 지금도 가끔 소식 보면 미래 모습을 꿈꿨던 대로 자기가 잘할 수 있는 일 하면서 누구보다 열심히 살고 있어요. 마음먹은 대로 해나갈 멋진 사람이죠!

사춘기, 그 덕분에
열매가 자라요

어떤 신문 기사에서 한 교수님이 고등학생 이후부터는 변하기 힘들다고 인터뷰한 글을 읽었어요. 과연 그럴까요? 사춘기를 겪고 방황하는 청소년기는 인생의 리허설 같아요. 강의나 공연을 할 때, 아무리 베테랑이라도 그 무대에 적응하기 위해서는 리허설이 필수잖아요. 성인으로 제 몫을 하고 살아가기 전에 좌충우돌 시행착오를 겪는 아이들에게 "얘는 틀렸어, 이렇게 생겨먹어서 뭘 할 수 있겠어, 벌써 자세가 안 돼."라는 말들로 선을 그어 버리고 낙인찍는 것만이 방법일까요? 다른 길을 모르시는 것 같아서 알려드리고 싶었어요. 리허설에서 실수하고, 어설프고, 헤맨다면 몇 번 더 연습하고 적응하면 잘 해낼 수 있다고 격려할 수도 있어요. 사람은 존재로 존중받을 때 이미 가지고 있는 내면의 힘들 중에서 좋은 선택을 할 수 있어요. 스스로 용기를 내고, 노력하고, 이상을 품고 나아갈 수 있어요.

우리, 사춘기를 위기가 아닌 기회로 선택해 보아요. 먼저 아이들을 제대로 보아요. 어떻게 건강한 자존감을 갖게 되는지, 뇌의 발달로 어떤 점이 힘든지, 기질에 따라 어떻게 대해 줘야 할지도요. 그리고 사춘기조차 제대로 못 겪어서 아픈 부모님들의 마음도 돌봐주세요. 내면에 쌓여 있던 불안과 두려움 에너지를 치유하며 사랑에너지로 충전해 보세요. 그렇게 아이들을 만나면 우리는 함께 성장할 수 있습니다.

　아이들이 건강하게 성장하고, 부모님이 지혜롭게 성숙하는 소중한 시간, 저도 함께 응원합니다!